「統治者なき社会」と統治

小馬 徹 —— *Toru KOMMA*

KU
神奈川大学出版会

目次

第二章　キプシギスの殺人事件から見た国家と民族

第2部　行き交い、ぶつかり合う時間と時代

第三章　マサイのビーズの腕時計
——或いは、ユートピア思想のワクチン

第四章　走りそびれたランナーたち

第3部　老人の権力——「統治者なき社会」はあるか

第五章　挨拶・握手行動の身体論と政治学

第六章　通過儀礼としてのイニシエーションの論理

序章　「統治者なき社会」研究の展望

豹皮首長は政治的権威をもたない聖的な人物である。現実にヌエル族は政府をもたず、その政治状況は秩序ある無政府状態とでも言えるものである。同様に、もし法というものを、それを執行するだけの強権をもった独立した公平な権威によって下される判決であると解釈するならば、ヌエル族は法をもたない。(1)

はじめに

筆者は、一九七九年七月から一九八〇年三月に至る九か月間、南西ケニアの農牧民族キプシギス(Kipsigis)の人々の間で、社会人類学の手法による参与観察調査を行った。そして、このアフリカでの最初のフィールドワーク以来今年までの三十九年間、彼らのいわゆる「統治者なき社会」(society without rulers)の現地参与観察調査を三十八次にわたって続けてきた。

キプシギス社会の現代史は、英国の手による二十世紀初めの植民地化と、一九六三年末のケニア独立を二つの突出した変化のピークとして展開されてきたと言える。キプシギスの人々は、政治環境がまさに激変するそうした一連の歴史過程で、国家的な中央集権制の政府による統治に対して頑強に抗いつつ、一方ではその統治制度を徐々にではあるが咀嚼・受容して、ついに現在の姿に至る実に大きく劇的な社会と文化の変容を導いたのである。では、彼らはそれをいったいどのようにしてなし遂げたのだろうか。

筆者は、自分自身の長年の参与観察によって直接得た一次資料の蓄積を背景として、複雑多岐にわたる諸事象の慎重な検討と考察を要する、右の大きな課題を様々な視角から読み解く格闘を、四十年近く延々と続けてきた。本書は、その間の折々に心に去来した、種々の重大な関心に引き寄せられて行った筆者なりの試行の幾つかを纏めて、一書に編んだものである。それらの試論を曲り形にも相互に関連づけることによって得られる新たな見地に立って、右の課題を改めて大きく俯瞰し直し、幾重にも錯綜する現実の諸事象から一貫性のある展望を切り開くための基盤作りを目指すこと。それが、本書の目的である。

一　キプシギス民族と植民地化、近代化

植民地化される直前、つまり二十世紀劈頭までのキプシギス民族は、牛（ならびに、山羊・羊）を若い戦士たちが年嵩の少年たちと共にやや乾燥した低地の牛牧キャンプで集団的に放牧しつつ、一方、雨に恵まれた高所に位置する母村でもまた地力を収奪・消耗させながら、ゆっくりと長い時間をかけて南下し続けている、非定住性の移動牧畜民だった。

彼らは、社会的・文化的・宗教的な諸次元の価値の扇の要に牛を位置づける、特徴のある人生観と世界観をもち、それゆえに「牛の民」を強く自認していた。実際、彼らは東アフリカに特有の「牛複合」（cattle complex）の一つのあり方を伝統的によく具現してきたと言える。

1　「牛の民」キプシギスとマサイ

その当時、キプシギスの人々は、今も彼らに直に隣接して暮らす民族であり、かつては欧米の探検家や植民地行政官にその勇猛さのゆえにおおいに畏怖され、称揚もされてきた名高い牛牧民であるマサイ人のものと、細部まできわめてよく似た物質文化を有していた。植民者たちは、キプシギス人をマサイ人の一派と見做した。

ただし、最初期の人類学者たちは、キプシギス人がシコクビエやソルガム等の雑穀の粗放な栽培も生業の一部に組み入れて（若者たちの牛牧キャンプから離れた母村で耕作して）いた事実を重視し、純粋な牧畜民である〔牧畜〕マサイ人（Maasai）とはやや差異化して、彼らを「農耕マサイ人」群の一民族として分類した。

本章では、「牧畜マサイ人（Pastoral Maasai）／農耕マサイ人（Agricultural Maasai）」という、その古典的な対立概念をあえて戦略的に蘇らせて当座の考察の糸口とすることによって、マサイ人との若干の比較を試み、その結果得られるいささかの洞察を拠り所に、キプシギス人に固有の植民地統治への対応と言える特質を浮き上がらせてみたい。というのも、その試みが、伝統的に「統治者なき社会」とされてきたキプシギス社会と「統治」との相互関係の的確な理解の糸口の提示へと、うまく繋がってくれるのではないかと思うからである。

歴史的には、キプシギス人が、今日のエチオピア南部や南スーダン、或いはその更に北方からケニア北部を経て、現住地である南西ケニアへとかなりの長い年月をかけて、徐々に、しかし一貫して継続的に南下してきたことを、考古学の資料や自他の口頭伝承によってそれなりに確認できる。この点で、キプシギス人は、確かにマサイ人とかなりよく似た移住（migration）の前史をもっているものと推定できる。そこで、初期の英国社会人類学者たちは、言語系統と社会・文化系統の双方を突き合わせて総合し、両民族を共にパラ＝ナイル語系民族（Para-Nilotes）という民族群に包括してきた。

しかしながら、アフリカの民族分類の今日的な基準として一般に広く受け入れられているJ・H・グリーンバーグの言語学的な研究（Greenberg 1970）では、キプシギス人は南ナイル語系民族（Southern Nilotes）、別称高原ナイル語系民族（Highland Nilotes）、他方、マサイ人は東ナイル語系民族（Eastern Nilotes）とされ、近縁ながらも、両者は別系統の民族集団に分類されている。

グリーンバーグによるアフリカの諸言語の分類は、文化・社会的な要素を潔く切り落として、文化の諸々の下位分野の中でも突出した重みをもつ、言語という単独の要素へと人間集団の属性をごく狭く絞り込んでなされたものだが、その分だけ截然たる明確な輪郭を獲得し得ているという利点がある。それゆえに、研究上の大局的な視野をまず確保しておくうえでの、民族集団の蓋然的な分類基準として有効なものだと（一定の条件つきで）評価できるだろう。

とは言え、両民族の言語系統の差異が、文化的な諸要素の差異のみならず、両者の社会類型の差異ともかなりの程度うまく重なり合うのも事実である。その重要な一例として、両者共に年齢組体系（age-set system）が社会構造の中核をなす事実を挙げることができよう。

しかし、それでもなお、両者の年齢組体系には、キプシギスの円環型（cyclic type）とマサイの直線型（linear type）という、決して無視することができない原理的な差異が存在している（本書第1部第三章第六節参照）――もっとも、年齢組体系が比較的変化し易い社会的な要素であるという事実も安易に忘れるべきではない。

2 「州行政」制度への対応

さて、右の事実に加えて、英国による植民地化、ならびに「国民国家」(nation state) ケニアの独立という二つの激越な社会環境の変化への対応の仕方も、マサイ人とキプシギス人では強く対照的だったことに、さらに注目しておきたい。

英国植民地政府は、まず統治の対象であるケニアの諸々の人間集団の全てを、当時の英国社会人類学の分類基準に従って、一定数の画然とした、言い換えれば離接的な「部族」(tribe) へと分類した。そのうえで、その各々の「部族」に固有のものとするべき行政上の地理的領域を断固として、且つ速やかに確定していったのだ。そして、その各々の「部族」の規模の大小に従って「県」(district) や「郡」(location)、或いは「亜郡」(sublocation) というハイエラーカルな層構造をなす行政単位のどれかを割り振った。また、それらの行政単位の重層の最上位に位置する州 (province) を——県と共に——白人の州長官が統治するアンブレラ的な行政単位とすることで、独特の位階的、且つ中央集権的な地方行政制度の枠組みを確立した。そして、この仕組みを通じて、何事に関しても有無を言わせず、植民地領域の隅々に至るまで中央政府の上意を直接的に下達する、一貫性の強い行政システムを構築したのである。

このケニア独特の制度は、植民地化以来「州行政」(provincial administration) と呼び習わされてきた。各民族(「部族」)の人々の間から選ばれて「郡」・「亜郡」を統治する上級・下級の行政首長たち (administrative chiefs) がその末端を担い、手足となって働いたのである。キプシギスの場合も無論例外ではない。だが、他のほとんどの民族の行政首長がいわば小君主のごとく専制的に振る舞ったのとは誠に対照的に、「人々のチーフ」として仲介的な労を取ることに絶えず腐心してきた点に、実に大きな特徴と差違がある。

有史以来、東アフリカの種々雑多な人間集団は、水と草に恵まれた豊かな土地を求めて絶えず移住を重ねながら離合集散をくり返しつつ、機を見、時に応じて、群としての属性を融通無碍に変遷させてきた。しかし、いったん「州行政」制度が確立すると、彼らは植民地統治下の固い行政的枠組みのもとで、それまでの歴史的動態であった移動(migration)と「政治的な」合従連衡の動きをほぼ完全に阻止されてしまったのである。つまり、植民地政府・国家政府という圧倒的な武力をもつ強大な広域的権力が当該人間集団の外側から有無を言わさずに押しつけた、「部族」という新たな、そして静的な属性をもつ枠組みの内側に、自らの集団的アイデンティティを封じ込められ、固定されてしまったのである。しかしながら、自生的なアフリカの諸々の人間集団の帰属意識が「ネーション」(nation)や「部族」の概念に容易に順応し得ないのは、彼ら自身からすれば、誰の目にも自ずから明らかな事実だったのである。

ただし、ケニア植民地政府のキプシギス人とマサイ人への対応は、決して同じではなかった。むしろ、著しく異なったものだったとも言える。以下に、その点にいささかなりとも触れておきたい。

ケニアの縁辺部の広大な半乾燥地帯で牛を放牧するマサイ人の少なくとも半ばは、(彼らと類似の環境に住む他の遊牧民と共に)ケニア植民地や「国民国家」ケニアとその経済圏の外部に、つい最近まで、つまり具体的には二〇一〇年の新憲法公布に伴う半自治的な地方政府の創設まで、いわば長い間半ば放置されてきたにも等しいのである。その結果、それらの遊牧民(nomadic pastoralists)は、植民地化以前から続いてきた伝統的な社会とその文化を、一九六三年末のケニア独立後もかなり良く守り抜くことができた。だから、少なくともキプシギスと比較すると、彼らは、日々の暮らしの屋台骨を今もそれほど大きく損なわずに維持し続けているとも言えるのである。

キプシギス人は、赤道直下ながらも海抜一五〇〇メートルから二〇〇〇メートル余りの標高をもつ高原地帯に居住している。その土地は、年に二度の雨期があり（ほぼ日本の年間平均雨量に匹敵する）十分な降雨に恵まれ、緑豊かな景観が広がっている。だが、まさにそれゆえにこそ、植民地化当時の居住地の（版図の中でも最も肥沃な部分をなす）ほぼ半分を英国王領地（Crown Land）として召し上げられてしまったのだ。そして、幾分乾燥していて、気候条件も地味も劣ると言える、残りの約半分を占める土地が原住民保留地（native reserve）に指定され、彼らは、放牧・飼養している膨大な数の牛や山羊・羊共々、そこへと無理矢理押し込められてしまったのである。

英国政府は、王領地を一〇〇〇エーカー単位の大区画に分け、信じ難いほどの廉価で白人入植者向けにそれを売り出した。同時に、キリスト教へと改宗したごく少数のキプシギス人の間に、まず犁耕の技術と私有地の観念、ならびにそれらに基づく「土地の囲い込み」の権利意識を浸透させた。そして、他の人々の関心をその一連の目覚ましい変化の動きへと惹き寄せ、その流れを強力な梃子として、キプシギス人全体を現金経済に組み入れながら、その定住化と農耕民化を推し進めていったのだった。

3　キプシギスランドの開発と近代化

このキプシギス開発政策は、（キプシギス人の土地の）英国王領地全体に白人入植者たちが展開し始めていた茶やコーヒーの大農園経営を維持するための労働者として雇い入れた、ギクユ人（Gikuyu）、ルオ人（Luo）、グシイ人（Gusii）などの、他民族出身の多数の農耕民たちの食糧を確保するための基盤作りとして、必須とされたものであった。何しろ、植民地政府は、アフリカを文明化するべき「白人の重荷」を強調し、その「義務」の遂行のために、速やかな開発こそが「州行政」の実現するべき政策目標として掲げられたのである。そして、アフリカ人から選ばれる行政首長・同副首長にその「手先」ないしは「手代」としての貢献が求められた。

このような事情から、植民地化後のキプシギス社会の変化は、マサイ社会と比べればはるかに急激なものであり、特にその肥沃な北部地域――今日の Kericho County――は、国際資本の手によってケニア最大の一大茶園地帯へと足早に変貌を遂げていくことになる。

とはいえ、右の農耕諸民族と比較すれば、キプシギス人の「近代化」は、逆に、かなり緩やかなものだったと言わざるを得ない。それらの農耕民族は、英国の行政官や欧米諸国からの多彩なミッショナリー、さらにはウガンダ鉄道建設の工夫として大量に動員されたインド人によって一挙にもたらされた、新たな西欧近代的な諸価値に逸早く適応し得るような、「開化された」人々を続々と生み出していった。そして、彼らこそが植民地行政や、後の「国民国家」ケニア共和国の行政で、アフリカ人として枢要な役割を担うようになった人々なのであった。

もし仮に、ごく単純でおおざっぱな言い方がここで許されるとすれば、キプシギス社会の近代化の速度は、半乾燥地帯であるケニアの縁辺部に位置するマサイ人などの遊牧社会と、ギクユ人やルオ人などの伝統的に人口稠密で労働集約的な農耕社会との、ほぼ中間に位置すると言って良いだろう。

二 「統治者なき社会」の研究とその歴史

東アフリカ地域については、半乾燥地に展開する遊牧民族——例えば、南スーダンのヌエル人（Nuer）やディンカ人（Dinka）——の社会の人類学的な研究も、また比較的雨に恵まれた人口稠密な地帯に位置する農耕民族——例えば、南スーダンのアザンデ人（Azande）、ウガンダのガンダ人（Ganda）、ケニアのルイア人（Luhya）——の社会についての人類学的な研究も共に歴史が古く、且つ長くて、十分に豊かな蓄積をもっていると言える。

他方、いわば両者の中間的な存在とも言える「半ば農耕民化した牧畜民」の近代化過程の研究、中でも（キプシギス人を最大の分肢とする）南ナイル語の話者たちであるカレンジン民族（Kalenjin）の研究は、残念ながら、きわめて手薄である。その原因の一つは、既に見てきたように、キプシギスを初めとするカレンジン民族群は開発・近代化過程に関して移行的な属性を帯びていて、それゆえに関係する社会・文化的な諸事象の複雑性が大きくなることであると思われる。

本書は、その両者間の不均衡がもたらした研究上の空隙を少しでも埋め、東アフリカの「統治者なき社会」と「統治」との関係の包括的な比較研究一般に資する、いささかなりとも厚みのある材料（一次資料）を提供するという意味を担い得ると信じたい。

とはいえ、曲がり形にもそう主張するためには、人類学によるアフリカ研究の長い歴史にもう一歩深く踏み込んで、本書をその文脈にきちんと位置づけておく必要がある。

1　日本の人類学研究とアフリカ

その作業のために決して避けて通れない古典的な業績として、『*African Political Systems*』（Fortes & Evans＝Pritchard 1940）がある。同書は、英国の構造＝機能主義の社会人類学によるアフリカ社会の研究の旗手だったフォーテス（ケンブリッジ大学）とエヴァンズ＝プリチャード（オックスフォード大学）が編集した、アフリカの政治体系についてのつとに高名な業績である。そして、少なくとも一九七〇年代までは人類学研究に絶大な影響力を誇っていた構造＝機能主義の隆盛の端緒をなすと共に、その一定の達成水準を指し示す記念碑的な著作としての重みを与えられていたと言って良い。

幸い、誠に好都合なことに、同書の人類学史上の意味を、ケンブリッジ大学大学院で直接フォーテスの指導を受けた中林伸浩が、実に鮮やかに、且つ簡明に論じている文章が存在する（中林　二〇〇五）。また中林は、筆者の人類学者としての全経歴を通じて最も親密に交流してきた研究仲間――より正確には、兄事して教えを受けてきた先輩――であり、常に筆者の霊感の源泉であり続けている存在である。

そこで、以下では、中林の同論考の要旨を手短に紹介して有効に援用しながら、本章の目的に即して、さらに今一歩先に論を進めたい。

ただし、少しばかり回り道にはなるのだが、その前に是非とも触れておかなければならない事柄がある。それは、一九七五年に一橋大学（研究代表者：長島信弘）が組織して文部省科学研究費補助金（海外調査）の交付を受け、一九七七年度、一九七九年度、一九八一年度と三次にわたって東アフリカ各地で実施した人類学の手法による現地参与観察調査に、中林も筆者も共にそのメンバーの一人として加わっていたことである。なお、同調査の調査者と調査対象の諸民族は、次の通り（長島　一九八三：一）――小馬は第二次からの参加になる。いずれも所属は当時のもの。

長島信弘（一橋大学）　テソ（東ナイル語系）
阿部年晴（埼玉大学）　ルオ（西ナイル語系）
中林伸浩（金沢大学）　イスハ（バントゥ語系）
松園万亀雄（東京都立大学）　グシイ（バントゥ語系）
上田　将（新潟大学）　カンバ（バントゥ語系）
小馬　徹（一橋大学）　キプシギス（南ナイル語系）

アフリカ研究者が「一橋隊」、或いは「長島隊」と通称したこの調査チームは、その後阿部、松園、中林と研究代表を順次交代しながら、ほぼ同様の志向性のもと、文部省科学研究費補助金の交付を受け続け——上田が抜け、小田亮がしばらく加わるなど、幾分メンバーの変更はあったものの——長年にわたって共同研究を続け、発展させていくことになる。

ところで、日本人によるアフリカ研究の調査隊としては、京都大学がヒトを自然史の中に位置づけようとして組織した、同大学固有の目的と射程をもつ、霊長類学＝生態人類学のチームが最も古い。「一橋隊」はそれに次ぐものだったが、その調査・研究は、京都大学隊とは対照的に、（英国社会人類学と米国文化人類学が自ずと合流して形成された）同時代の人類学本流の動向に棹さすものであった。しかもその主要な目的が、一言で表せば、『*African Political Systems*』がもつ構造＝機能主義的で静態的な側面を乗り越えて、歴史過程を重視した動態的なアフリカ研究という、新しい次元を切り開こうとすることにあった。この方法論的な事実は、学説史との関連において重要な意味をもっている。

以上、やや長い迂回になってしまった。ただしそれは、中林の当該の文章（中林　二〇〇五）が本書の学説史上の位置づけを明らかにするうえで恰好の土台となってくれることを説得的に示すための、一種の下拵えであった。

2 『*African Political Systems*』を超えて

さて中林は、当該の論考で、ほぼ次のように議論を展開している。

『*African Political Systems*』は、アフリカの諸社会を大きく「無国家社会」と「原始国家」の二類型に分けて捉えた。前者については、既にアメリカ人類学の先駆者の一人であるモーガン（Lewis Henry Morgan）らの研究によって、（国家なき）氏族（clan）による政府形態が論じられていた。一方、フォーテスとエヴァンズ＝プリチャードらは、氏族の構成要素であるリネージ（lineage）自体が政治機能をもつことを系統的に記述して、「無国家社会」の政治制度を定式化した。すなわち、『*African Political Systems*』以来、このようなリネージを「分節リネージ」（segmentary lineage）、またこれに類する様々な制度を一般的に「分節体系」（segmentary system）と呼ぶようになったのである。

しかし、右のように記したうえで中林は、同書が取り上げて記述・分析したアフリカの三つの社会、すなわち南スーダンのヌエル（Nuer）、ガーナのタレンシ（Tallensi）、ケニアのバントゥ・カヴィロンド（Bantu Kavirondo）――今日の名称はルイア（Luhya）――の分節的な政治体制が相互にわずかずつずれて異なり合っている事実に、特に強く注意を差し向けている。

ヌエルの分節組織は、地縁的な構成をもち、復讐戦（feud）に際しては同じレヴェルの分節同士が結合したり分離したりして、その都度均衡的に対抗し合う。だが、タレンシの分節リネージは地縁的ではなく、地理的に混ざり合っているので、複雑な体制となっている。それゆえ、最大リネージが他の氏族の最大リネージと連携することが一つの原則になっている。他方、バントゥ・カヴィロンドでは、独自の領土をもつ父系外婚氏族と、その連合体である部族（tribe）が政治的な機能をもつという制度が見られるのだが、その氏族や部族には、戦士の長、呪術師、長老、富者などの、異なる機能をもつ複数の非集権的な権威が併存しているのだ。

「原始国家」については、南アフリカのズールー（Zulu）、ボツワナのングワト（Ngwato）、ジンバブウェのベンバ（Bemba）、ウガンダのアンコーレ（Ankole）、ナイジェリアのケデ（Kede）の、五つの社会を取り上げ、アフリカでは、国家の起源にアジアやヨーロッパの研究に基づいて得られた一般論が適用できないとしている。ただし、その一方で、王権の儀礼的・象徴的な性格は「原始国家」の社会的機能の説明に生かしているものの、その象徴性の動態には踏み込んでいない、と中林は批判する。つまり同書では、「国家のような、統合と抗争、支配と従属、生成と崩壊といった動的な様相が当然とされる対象についても（中略）『均衡』という視点が優越しているのである」（中林　二〇〇五：一八一）。

以上のように『*African Political Systems*』に批判的な検討を加えた中林は、あたかも生物有機体の生化学的ホメオスタシスでもあるかのごとく、社会構造を「存続するひとつの平衡状態として考える点が、全体に貫徹した」業績だと同書を評して、結論としている。だから、先に述べたように、「一橋隊」の調査目標を大きく捉えれば、それは、同書のそうした静的・均衡的なあり方の限界を越えて、アフリカの諸社会を実際の歴史の変化過程の直中で動態的に記述し、分析して成果を得ることであったのだ。

3　キプシギス民族の研究と本書の狙い

ただし、人類学的な研究の蓄積が乏しい、筆者の調査対象であるキプシギス社会についての研究には、その課題に取りかかる以前に、面倒な問題が存在していた。

つまり、「一橋隊」が捉えようとした近代化過程のそうした歴史的な動態は、植民地や国家に代表される高度な組織化の原理と暴力的な強制力をもつ強大な政体が、「部族」のような小さくて閉鎖的な政体を有無を言わさずに取り込んでいく圧倒的な過程として、捉えられなければならない。これを「包摂」(incorporation)の過程と仮に名づければ、否応なく「包摂」されて適応を迫られたアフリカの人間集団が、外側から強制された制度を独自の工夫で「読み替え」つつ受容していく過程で見られるであろう、「制度的断絶」と「観念的な連続」に強く着目しなければならない(中林　一九九一)。そこに読み取られるべきものは、異質な制度の強引な押しつけに対する受動的な抵抗と主体的な受容という、両極的なモメントのぶつかり合いを経た、なにがしかの変化と昇華の過程である。

ところが、キプシギス社会の既存の研究では、中林が『*African Political Systems*』に関して強く批判したような、アフリカの社会の伝統的な均衡システムの実情とその論理を明らかにした研究さえも蓄積されてはいなかった。(2) それゆえに、右に述べた「両極的なモメント」のぶつかり合いの歴史過程を押さえた研究を始める以前に、筆者には、植民地化以前のキプシギス社会の(幾分なりとも均衡的な属性をもつと思われる）伝統的なシステムのあり方を、遅れ馳せながらも自らの手で突き止める努力が求められたのである。この課題に応えたのが、本書第3部である。

アフリカでのネーション・ステート建設の困難さは、何よりもネーションとトライブ、両概念の擦り合わせの難しさにある。第1部「言語と民族・国家」の第一章は、その現実を、ネーション・ステート建設の支柱となるべき国家的な言語政策に関してきわめて対照的な姿勢を見せ続けてきた、タンザニアとケニアという、相隣り合う二つの東アフリカの国家の事例に即して論じている。キプシギス民族は、この章に直に顔を見せてはいない。しかし、この章で行った議論を下敷きにしなければ、キプシギスに固有の複雑な言語問題も理解がきわめて困難である。つまり、この章では、（ケニアの）「統治者なき社会」と「統治」の関係を、国家語と民族語の相互関係を切り口として論じる際に逸することができない、歴史的な背景を大きく描出することに努めた。また、第二章では、異民族間の殺人事件という、国家と民族の間に常に伏在している、秩序と暴力、権威と統制という隠れた緊張関係が一気に噴出して露顕する劇的な事態に焦点を当てて、ネーション・ステート建設の困難さを別の角度から論じた。

第2部は、時間と時代をテーマとしている。第三章は、伝統的な時間観と西欧から新たにもたらされた時間観との相剋を取り上げ、それを異なる伝統的な時間観をもつマサイとキプシギスの二つの民族が腕時計に対して見せた反応や態度の違いを糸口として対照し、立体的に描こうとした。第四章は、これまでのキプシギスの人類学的な研究で最も脆弱だった部分、つまり具体的な一個人や一家族の近代化過程での経験に関する民族誌的な蓄積の乏しさを克服しようとする一つの試みである。すなわち、或る氏族とその一家族の百年余りの一連の経験を能う限り克明・精彩に描いて、この一世紀間の甚だしい社会変化とそれに必死に対応しようとする庶民の苦闘の実相を、実感をもって理解できるかたちで示そうと努めている。

おわりに

なお当初、筆者自身の参与観察も加えて、ルイア（＝バントゥ・カヴィロンド）人の間の「呪術者の権力」に関する考察を補論として加えるつもりでいた。その狙いは、ルイア社会とキプシギス社会という同じ伝統的な「統治者なき社会」における非集権的な権威のあり方の違いを、呪術が優越する前者と呪詛が優越する後者という対比で捉えて論じることにあった。ただし、広い意味での「邪術」や「妖術」が今も陰然たる力を振るうアフリカ社会の日常生活の肌触りを臨場感をもって伝えることは、きわめて難しい。そこで、生々しい感触があり、且つ一面では滑稽でもある、ナイトランナー論としてそれをドラマティックに展開してみようと構想した。しかし、結局、紙面の都合で断念し、割愛せざるを得なかった。

もっとも、本書で扱い切れなかった課題は、それに尽きない。例えば、キプシギスの人々が宗教（キリスト教）、政府（特にその末端の首長制度）、カネ等のきわめて重大な識字的制度を、一体どのような独自の仕方で受け入れたのか。本書では、それを立ち入って論じてはいない。これらの課題は、近いうちに本書の続編を書いて世に問い、本書と一体のものとして併わせて批評を受け、是非とも批判を請わなければならない。率直に記して、容赦を願いたい。

《注》

（1）エヴァンズ＝プリチャード（一九七八：六―七頁）。ただし、同書中の表現「ヌアー族」は、「ヌエル族」に改めた。

（2）筆者が調査を始めたときに利用できた主要な研究書は、Peristiany（1939）とOrchardson（1961）の二書に過ぎなかった。前者の著者は、オックスフォード大学の人類学講師で、エヴァンズ＝プリチャードの指導のもと、同書を『*African Poritical Systems*』に一年魁がけて刊行している。エヴァンズ＝プリチャードの影響は顕著だが、率直なところ、明確な切り口のない散漫なモノグラフになっている。また、キプシギス語をほとんど解さなかったことは、名詞の単数・複数の混同が端的に教えてくれる。名詞の単数形・複数形それぞれの定形・不定形の区別にも無頓着である。むろん、先駆的な研究としての価値をもつが、対象民族の社会と文化の理解の程度は自ずと明らかだろう。後者は、英国人入植者で、キプシギス人女性を妻に迎えてキプシギスの文化に強い関心を示し、チェモスース（土地の食べ物を何でも食べる者、が含意）という綽名を貰った。前者とは異なり、記述内容は正確で信頼できる。ただし、人類学の専門教育を受けておらず、いささかの重要性をもつ諸慣行の素朴な記録者に止まっている。Manners（1967）は、キプシギスの近代化を正確に概観するうえで役に立つ。ただ、Peristiany（1939）ならびにOrchardson（1961）とのギャップが大きい。筆者の関心の中心にあるのは、近代化のたんなる時間的な経過ではなく、歴史的・社会的な動態なのである。

《参考文献》

Fortes, Meyer & Edward Evan Evans=Pritchard（1940）*African Political Systems*, London: Oxford University Press.

Greenberg, Joseph H.（1970（1966））*The Language of Africa*, Bloomington: Indiana University Press, The Hague: Mouton & Co.

Komma, Toru（1981）"The Dwelling and Its Symbolism among the Kipsigis," in Nagashima Nobuhiro (ed.) *Themes in Socio-Cultural Ideas and Behabiour among the Six Ethnic Groups of Kenya*, Kunitachi/Tokyo: Hitotsubashi University, pp.91-123.

Komma, Toru (1983) "Women's Self-Help Association Movement among the Kipsigis of Kenya," *Africa 3* (*Senri Ethnological Studies 15*), Osaka: Naitonal Museum of Ethnology, pp.145-186.

Komma, Toru (1992) "Language as an Ultra-Human Power and the Authority of Leaders as Marginal Men: Rethinking Kipsigis Administrative Chiefs in the Colonial Period," *Africa 4* (*Senri Ethnological Studies 31*), Osaka: Naitonal Museum of Ethnology, pp.105-157.

Komma, Toru (1998) "Peace Makers, Prophets, Chiefs & Warriors: Age-Set Antagonism as a Factor of Political Change among the Kipsigis of Kenya," in Kurimot Eisei & Simon Simonse (eds.) *Conflict, Age & Power*, Oxford: James Currey, pp.186-205.

Manners, Robert A. (1967) "The Kipsigis of Kenya: Cultural Change in a 'Model' East African Tribe," in Steward (ed.) *Contemporary Change in Traditional Sosieties*, Urbana: University of Illinois Press.

Nagashima, Nobuhiro (ed.) (1981) *Themes in Socio-Cultural Ideas and Behabiour among the Six Ethnic Groups of Kenya*, Kunitachi/Tokyo: Hitotsubashi University, pp.205-360.

Orchardson, I. Q. (1961) *The Kipsigis* (abridged, edited and partly re-written by A. T. Matson), Kampala/Nairobi/Dar es Salaam: East African Literature Bureau.

Peristiany, J. G. (1939) *The Social Institutions of the Kipsigis*, London: Routledge & Kegan Paul.

エヴァンズ＝プリチャード（一九七八）『ヌアー族——ナイル系一民族の生業形態と政治制度の調査記録』（向井元子〔訳〕）岩波書店。

小馬　徹（一九八二）「超人的な力としての言語と境界人としての指導者の権威」、『アフリカ研究』（日本アフリカ学会）第二四号、一—二二頁。

小馬　徹（一九八三）「災因としての死霊と邪術——キプシギス族の場合」、『一橋論叢』第九〇巻、第五号〔特集　一橋大学東アフリカ学術調査団報告　ケニアの六社会における死霊と邪術——災因論研究の視点から〕、七五—九一頁。

小馬　徹（一九八四）「キプシギス族における女性自助組合運動の展開」、『アフリカ研究』（日本アフリカ学会）第二六号、一—一九頁。

小馬　徹（一九八五）「東アフリカの牛複合社会の近代化と牛の価値の変化——キプシギスの〝家畜の貸借制度〟（*Kimanakta-kimanagan*）の歴史的変化と今日的意義をめぐって」、『アフリカ研究』（日本アフリカ学会）第二七号、一—五四頁。

小馬 徹（一九九五ａ）「西南ケニアのキプシギス人とティリキ人の入社的秘密結社と年齢組体系」、神奈川大学人文学研究所（編）『秘密社会と国家』勁草書房、二三四—二七五頁。
小馬 徹（一九九五ｂ）「国家を生きる民族——西南ケニアのキプシギスとイスハ」、『人類学がわかる。』〔AERA Mook 8〕朝日新聞社、一四八—一五三頁。
小馬 徹（二〇〇〇）「キプシギスの女性自助組合運動と女性婚」、青柳まちこ（編）『開発の文化人類学』古今書院、一六一—一八二頁。
小馬 徹（二〇〇九ａ）「キリスト教時代を生きる祖霊と死霊——現代アフリカ社会の死と葬の一断面」、『神奈川大学評論』第六三号、八九—一〇一頁。
小馬 徹（二〇〇九ｂ）「キプシギスの成年式と学校教育」、中村和恵（編）『世界中のアフリカへ行こう』岩波書店、四〇—五九頁。
小馬 徹（二〇一〇ａ）「無文字社会の『神話』と『歴史』——キプシギス人の歴史意識の政治学」、神奈川大学常民文化研究所（編）『歴史と民族』（平凡社）第二六号、五三—八三頁。
小馬 徹（二〇一〇ｂ）「キプシギスの共同体と２つの『エクリチュール』」、小田亮（編）『グローカリゼーションと共同性』成城大学民俗学研究所グローカル研究センター、九九—一四五頁。
小馬 徹（二〇一三）「人類学とアフリカ——切り拓かれた新たな地平」、『神奈川大学評論』第七六号、一二四—一三九頁。
小馬 徹（二〇一四）「ケニアの新憲法とキプシギスのシングルマザーの現在」、椎野若菜（編）『境界を生きるシングルたち』人文書院、二五三—二七四頁。
長島信弘（一九八三）「序」、『一橋論叢』第九〇巻、第五号〔特集 一橋大学東アフリカ学術調査団報告 ケニアの六社会における死霊と邪術——災因論研究の視点から〕、一—六頁。
中林伸浩（一九九一）『国家を生きる社会——西ケニア・イスハの氏族』世織書房。
中林伸浩（二〇〇五）「フォーテス＆エヴァンズ＝プリチャード編『アフリカの伝統的政治体系』」、小松和彦他（編）『文化人類学文献事典』弘文堂、一八一頁。
中林伸浩（二〇一三）「アフリカの植民地近代性——『宗教』の侵入について」、永野善子（編）『植民地近代性の国際比較——アジア・アフリカ・ラテンアメリカの歴史経験』御茶の水書房、二一九—二四五頁。

第1部　言語と民族・国家

第一章　スワヒリ語による国民形成と植民地近代性論

――その可能性と不可能性をめぐって

あることばが、国家の言語であろうがなかろうが、そのことでことば自体が変わるわけがないという人もあるかも知れない。しかし、単なる、ある地域のことば、あるいは方言に類することばと思われているものが、学校の授業用語となり、そのことばで大学に入ることができ、医者や弁護士にもなれるということになれば、そのことばを母語にする人たちの生きる喜びははかり知れないものになる。(1)

はじめに

伝統的な生活を送っているアフリカの或る民族が植民地や国家という圧倒的な武力による強制力をもつ強大な中央集権的な政体に包摂される時、その民族が克服しなければならない究極の困難は、一言で表現するとすれば、例えば国家や政府、教育、あるいは宗教等の識字的な制度をいかに速やかに、且つ十分に受容できるかという一点にある。

ただし、その場合、いったいどの言語が、どのような理由から公用語として選ばれるか、またどの言語が、また幾つの言語が教育の媒介言語として選ばれるかによって、当該民族の包摂に伴う「近代化」の過程は大きく異なるものになると予想できよう。

本書は、「統治者なき社会」であったキプシギス民族が、ケニアの植民地化と「国民国家」ケニアの独立とを二つの極点とする一連の社会・文化的な急激な変化の中で、どのような包摂の過程を辿ったかを究明することを目的としている。したがって、ケニアが植民地時代と独立以後に採用した言語政策のあり方を段階を追って究明することが重大な前提条件となることは、多言を要すまい。

ただし、本章では、キプシギス民族に直接言及することはしない。しかしながら、ケニアの言語政策の独特の歴史がケニアの他民族にとってと同様に、キプシギス人にとっても、むろん死活的な意味をもった。そして、ケニアの言語政策の特質は、かなり近似性の高い歴史状況の中で隣国タンザニアが採った独得の強靭な言語政策の解明を通して、且つそれと比較することによって、最も鮮やかに浮上させることができるのである。

一　問題の所在

一九八〇年代末の冷戦終結は、その後、グローバリゼーションの急激な進展を導いた。それ以前はナショナリズム、つまり主権国家体制を機軸として、その相互関係を論じるインター・ナショナルな言説が（たんに政治のみならず）近代の社会や歴史の研究についても支配的だった。これに対して、グローバリゼーションの過程では、ネーションの枠組みまるごとを単位とする交流ではなく、それを諸々の仕方で超えた個人や団体の間の多元的な交流を重視する、トランス・ナショナルな言説が主力となっていった。

ナショナリズムを相対化するこのような研究動向の中で生まれた重要な概念の一つに、「植民地近代性」(colonial modernity)がある。それは、狭い個別の地域研究の枠組みを超えて、「第三世界」諸地域における十九世紀後半以降の植民地経験と近代化の過程を幅広く比較して再検討しようとする、新たな研究動向の中核的な概念の一つとなっている。

だが、アフリカ研究の分野で植民地近代性が俎上に上ることは何故かまだない。第二次世界大戦後に独立した一新興「国民国家」が植民地期のスワヒリ語研究とその標準化政策の遺産を継承し、発展させて、アフリカではきわめて稀な強い国民統合をなし遂げたタンザニアという国についてさえもそうであるのは、一体どうしてなのだろうか。本章は、この課題の解明を通じて、植民地近代性概念が「達成の語り」の属性をもつことを明らかにする。

「植民地近代性」概念は、一九九〇年代の終わり頃、東アジア、ことに韓国の近代史や近代思想を研究する米国の専門家たちの間で生まれた。植民地的な諸要因が必ずしも植民地期だけに限らず、各国の独立以後もなお各国社会の骨格をなしている事実に着目するこの研究の方向性は、それゆえにポスト・コロニアル研究にも重なり合う一面をもっている。

しかし、ポスト・コロニアル研究が植民地主義の影響の否定的側面を摘出して強調するのに対して、植民地近代性を鍵概念とする歴史研究や社会研究は、植民地状況全体を仔細に、且つ出来るだけ冷静に距離をとりつつ再検討して、むしろ旧植民地が植民地由来の諸要素を大きく取り込みながら、それを梃子に(国民国家の形成を初めとする)近代化の実を上げてきた事実に大きく注目している。

この意味では、経済学や社会学の「従属理論」(dependency theory)、すなわち先進諸国の経済的発展と「第三世界」の開発状況を一対の不可分で相補的な事象として捉えて、後者の近代化（資本形成）が前者の経済的発展に従属するかたちで進展したという理論についても、（部分的にではあれ）再考を迫る方向性をもっている。すなわち、「西洋／東洋」、「宗主国／植民地」、「帝国主義／独立運動」、「先進国／開発途上国」、「支配／被支配」などのダイコトミーによって何事も強くカテゴリカルに分析する傾《かたむき》のあった従来のナショナルな立場を批判的に乗り越え、単純にそれらの対立に還元しては理解できない複合的な歴史状況の全体像を、大きな文明史的脈絡で、価値中立的に考究しようとするのである。

「植民地近代性」研究は、いわば、第三世界の植民地経験が大枠では近代に至る過程で必然となる経験の一形態であり、具体的にはどの筋道を経るにせよ、早晩避けては通れない歴史的過程を内包する経験であったとする観点に立つ。このような立場の当否を判断するためには、実に幅広い多角的な検討と議論が要請される。むろん、政治・経済的な側面のみならず、植民地経験の社会・文化的側面の再検討も不可欠になる。そこで本章では、「植民地近代性」概念がアフリカについても有効かどうかを焦点に、文化の一領域である（と共にその支柱でもある）言語を対象として、アフリカの植民地経験の試論的な再検討を行う。

右に触れた米国での植民地近代性研究の動向を受けて、韓国では今日、植民地近代性の視角から自国の近代史を根源的に問い直す大胆な見解が次々に示され、それを巡って活発な議論が展開されている。これに反して、（サハラ以南の、つまりアラビア語圏である北部アフリカ以外の）アフリカ諸国の植民地経験については、現地アフリカ各国はもとより、欧米や日本の研究者の間でもそうした論調は、少なくとも管見の限りでは、次に触れる中林伸浩の論文（中林　二〇一三）以外には全く見受けられない。

こうした差異の背景をなすと考えられる大きな原因は、政治的には、何よりもアフリカの積年の経験が

「三百年の奴隷貿易と百年の植民地支配[2]」という苛烈なものだったことである。また文化的には、中林が説得的に論じている通り、（国家やキリスト教など）植民地化が突然もたらした（現に眼前で生きられている「今、ここの」対面的な人間関係に関して）脱脈絡的な性格をもつ「識字的な権威」を自前の非識字的脈絡の中に位置づけて必死に理解して対応しようとする種々の困難な読み替えの実践が、アフリカの植民地経験全般の実相だったからだと言える[3]。それゆえに、新来の「識字的な権威」に裏づけられた植民地期の諸制度を在来（伝統）のパラレルな「識字的な権威」によって相対化して、近代化の道筋を価値多元的に再解釈しようとする類の試みは、中国や朝鮮半島あるいはインド等の場合とは異なって、ほぼ遂行不可能であったし、今もなおきわめて困難なのだと思われる。

しかしながら、こうしたアフリカの一般的な現実を鑑みれば、植民地化以前に既に東アフリカのリンガ・フランカ（混成共通語）となっており、さらに植民地期以降は広域的に識字的権威ともなって東アフリカ諸国の国家建設と国民統合の促進に深く関与したスワヒリ語の整備・発展の歴史は、著しく例外的な事象だと見なければならない[4]。それにも拘らず、この偉大な事績が「植民地近代性」概念を機軸に論じられることがないのは、いったい何故か。それに答えることで、「植民地近代性」概念の属性を再考すると共に、その有効な射程を測ってみたい。この試みは、同時にアフリカの植民地化と近代化の理解を深める確かな一助ともなるはずである。

二　スワヒリ語の生成と発展

では、スワヒリ語とはいったいどんな言語なのか。（東アフリカの諸社会とその言語・文化に馴染みの薄い読者のために）まずそれを、その形成史を中心に概述しておきたい。

1　海岸から内陸へ

スワヒリ語は、ニジェール＝コンゴ語族ベヌエ＝コンゴ語派のバントゥ諸語を代表し、東アフリカとその周辺部に推定一億二千万人以上の話者をもつ大言語である。現在のナイジェリアとカメルーンの国境地帯南部に住んでいた「バントゥ祖語」の話者集団は、紀元前三〇〇〇〜同五〇〇〇年の期間に東側へと南下を続け、コイ・サン諸語（いわゆるホッテントットとブッシュマンの言葉）を話す先住民を駆逐・吸収して、アフリカ大陸の南部・東部全域を占有した。バントゥ諸語は、急速な勢力拡張のゆえに今でも相互に文法や語彙の類似点が実に多く、共通点と相違点がモザイク状に入り組む「方言連続体」

スワヒリ語圏中枢部概念図

に近い状態で、大陸の南半分に分布している。

右の大移動の中、バントゥ語の原郷から東南東方向にまっすぐに進んで（現在のケニア北部で）インド洋に達した一群が、南北の海岸部へと拡散していった。彼らの子孫が、ペルシャ湾岸やオマーンから東アフリカ沿岸の島嶼部に進出してきたアラブ人と接触して、数多くの語彙をアラビア語から吸収し、累積させて形成したのが、（「海岸の言葉」を意味する）スワヒリ語の起源だと考えられている。その後、ザンジバル諸島に定住したアラブ人が、北はソマリア南部から南はモザンビークに及ぶ長大な沿岸地域に交易拠点を点々と建設して大陸のバントゥ語系の諸民族集団と活発に交流したことが、この地域でのイスラーム教とスワヒリ語の広域的な発展に繋がったのである。

マダガスカル島北部、コモロ諸島、セイシェル諸島の住民も、さらにはインドの（アーマダバード市近郊の森林帯に住む）シーディーの人々も、広義のスワヒリ語を話す。しかもスワヒリ語は、十九世紀半ばまでは、紅海南部の港町やアラビア半島南縁部でも十分に通用し、大きく言えば、環インド洋世界西部（沿岸部）の共通の交易言語だったのである。

スワヒリ語を母語とするのは、上記の海岸部や島嶼部に住む小さな民族集団に属する五百万ほどの人々に過ぎないが、スワヒリ語は東部アフリカで広くリンガ・フランカ（混成共通語）の役割を果たし、様々な民族集団が（民族際的な）第二言語として広く用いてきた。そして現在、タンザニア、ケニア、ウガンダ、コンゴ民主共和国では、公用語の地位を得ている。

この言語が交易言語として内陸部にも深く浸透したのは、東アフリカ海岸部を支配していたザンジバルのスルタンが、十九世初め（かそれ以前）に大湖地帯やアフリカ大断層崖沿いの各地に象牙と奴隷を求め、大規模なアラブ人隊商《キャラバン》を送り込んで定常的な交易ルートを確保した結果である。特に、今日のコンゴ民主共和国南東部のカタンガ州では、隊商による植民地化が図られ、キングワナ（*Kingwana*）と呼ばれる簡略な、独特のスワヒリ語方言が形成された。

2　植民地の行政公用語

一方、植民地化に先立って、キリスト教宣教団による布教活動促進を目的としてスワヒリ語研究が積み重ねられ、十九世紀半ばからは学術的で体系的な研究が積極的に行われるようになった。その代表的な成果としては、英国教会の宣教団（Church Missionary Society）の一員として、ケニアのモンバサを拠点に調査したドイツ人宣教師（で探検家の）J・クラップフの手になる、モンバサ方言（*Kimvita*）の本格的な辞書編纂を挙げることができる。

スワヒリ語の近代言語化を目指して標準化に乗り出し、領土内での行政公用語としてその全域的な普及に先鞭をつけたのは、ベルリン会議の裁定によって一八八六年からタンガニーカ（今日のタンザニア本土）を領有したドイツだった。一〇〇を超える民族語があるタンガニーカでは、現に既にリンガ・フランカとなっており、（アフリカの土着の言語であるがゆえに）人々には馴染みが良くて受け入れられ易いスワヒリ語を行政言語として利用することが、植民地の支配と統治の効率上有利だと判断したのである。一方では、徴募したアフリカ人相互の意思疎通を促し、自在に部隊を編成して何時何処へでも機動的に派遣し、しかも近代兵器による組織的な戦闘を展開するうえでも、スワヒリ語の整備と標準化（コミュニケーション・コード化）は、或る意味で必然の要請でもあった。こうして、爾来スワヒリ語に長く付き纏うことになる「軍隊・警察の言語」という共通のイメージを最初に誘導したのも、ドイツだったのである。

もっとも、右で「或る意味で」と留保を加えたのは、アフリカを直接的・間接的に植民地化したヨーロッパ八か国（英国、ドイツ、オランダ、フランス、ベルギー、ポルトガル、イタリア、スペイン）の中でも、フランスを初めとするラテン系の国々は、直接統治と同化を建前として自国語をアフリカ人に強要し、アフリカの諸言語の整備をほぼ等閑に付したという事実があるからだ。他方、ゲルマン系の三国は、[5] 言語・文化的に比較的寛容で、アフリカの言語を整備・育成して教育制度に導入する方針を採った（Mazurui, Ali A. & Mazurui, Alamin M. 1998：14-16）。これらの内のラテン系諸国が東アフリカを植民地化したと仮定した場合、スワヒリ語の標準化は、「必然の要請」とは見られなかった可能性が低くないだろう。

ただし、ゲルマン系の植民地言語政策の場合も、それは土地の言語と文化を真に尊重するものではなく、間接統治方式による植民地経営の財政的負担軽減策の一環に過ぎなかった。後年、アパルトヘイト期の南アフリカのアフリカーナ政権が民族語重視政策を効果的な人種隔離の手段視していた事実が、この件に関する分離主義的な背景を図らずも先鋭に物語っていると言える。

ドイツは、第一次世界大戦の敗北で全ての海外領土を失う。その結果、タンガニーカも掌中に収めることになった英国は、東アフリカの属領全域（タンガニーカ、ザンジバル、ケニア、ウガンダ）で、スワヒリ語を低次の植民地行政と小学校教育のための共通語とするべく、書記言語としての整備を促進する意向を一層強めた。その一方で、高次の植民地行政と中等・高等教育は専ら英語を媒介言語として実施する、分離主義的な政策を採用したのだった。

三　領土間言語委員会とその時代

この節では、その後のスワヒリ語の運命に深く関わり合うことになる「領土間言語（スワヒリ語）委員会」（ＩＬＣ：Inter-Territorial Language [Swahli] Committee）の活動に則して、スワヒリ語の歴史的な盛衰を概述してみよう。

1　領土間言語委員会設立

一九二五年十月、タンガニーカ第二代総督Ｄ・キャメロンがタンガニーカ属領とザンジバル保護領でのスワヒリ語標準化のための会議を、ダルエスサラームで開く。スワヒリ語が東部アフリカのリンガ・フランカだったがゆえに招請されたケニア属領は、正式の代表（他地域の代表と同じく白人）を派遣しなかったが、後続の諸会議にはウガンダとと共に毎回必ず参加した(6)（Mbaabu 1996：62-64）。ここに、広域的なスワヒリ語標準化事業が緒についたのである。

一九二八年六月には、ケニアの古くからの大きな港町であるモンバサで（英領東アフリカ植民地の）領土間言語会議が開かれ、ザンジバル方言（*Kiunguja*）が（有力視されたモンバサ方言（*Kimvita*）を押し退けて）スワヒリ語標準化の基盤言語に選定された。

一九三〇年には、「領土間言語（スワヒリ語）委員会」（ＩＬＣ）が結成され――後に東アフリカ・スワヒリ語委員会と改称されるが――一九六四年までの期間、スワヒリ語の近代化（正書法の策定、初等教育用教科書の検定、その他各種著作物の出版など）の推進の旗振り役を果たすことになった。

ＩＬＣ本部は、一九三〇年から一九四二年までダルエスサラーム（タンガニーカ）に置かれ、その後十年間隔でナイロビ（ケニア）、カンパラ（ウガンダ）へと順次移る。そして、一九六二〜一九六三年のモンバサ（ケニア）を経て、一九六三年にダルエスサラームに戻り、一九六四年にはダルエスサラーム大学内に新設されたスワヒリ語研究所に吸収合併されることになる。

2　第二次世界大戦と領土間言語委員会

第二次世界大戦期、スワヒリ語への関心が急速な高まりを見せる。軍隊の迅速で頻繁な移動と旅行手段の充実に伴って、スワヒリ語の正書法が実用性を大きく増したからである。この時期、英国領東アフリカの全域から徴募された兵士に、相互の意思疎通手段としてスワヒリ語教育が強制的に課されたのみならず、彼らの子弟のために設けられた学校でもスワヒリ語で授業が行われた。ＩＬＣは、さらにベルギー領コンゴとも連絡を取り合って、同地のスワヒリ語（*Kingwana*、別称「銅鉱地帯スワヒリ語」）の発展を東アフリカの標準スワヒリ語に同調させる努力も試みたのだが、ほとんど成果を得られなかった（Mbaabu 1996：73-74）。

第二次世界大戦が集結すると、植民地政府は言語政策を劇的に変更して、ＩＬＣの活動を尻窄みにした。英語と母語を重視する言語政策へと急速に舵を切り直して、ＩＬＣにスワヒリ語の発展計画の休止を求めたのだ。一九四八年に東アフリカ出版局（ＥＡＬＢ：East African Literature Bureau）が出来、ＩＬＣの文書関係の二つの業務である、各種図書の出版とスワヒリ語コンテストを代って担当するようになった。

ＩＬＣは、なおもスワヒリ語の学術的研究調査部門として存続して正書法と出版物に関する権威ではあり続けるものの、図書の出版権をほぼＥＡＬＢに譲り渡してしまったがゆえに、頭越しの軽い扱いを受けるようになった（Mbaabu 1996：74)。

ＩＬＣのその後の活動では、スワヒリ語諸方言や（アラビア文字で綴られた）二十世紀以前のスワヒリ語文献の調査研究等、言語政策の実践に関して副次的な分野ではそれなりの成果を上げたものの、スワヒリ語英語、英語スワヒリ語、スワヒリ語の各辞書の改定版刊行等の主要な任務を果たせないまま、解散に追い込まれた。まず、ウガンダの学校でスワヒリ語を教えることを禁じ、同じ方針をタンザニアとケニアでも採るべしとする植民地当局の方針が定まり、ＩＬＣの活動はついに休止に至るのである。だが先述の通り、タンガニーカが独立三年後にザンジバルと合邦してタンザニアとなり、ダルエスサラーム大学の内部にスワヒリ語研究所を設立した一九六四年、ＩＬＣの上級委員たちの実践的な活動がやっと息を吹き返すことになったのである（Mbaabu 1996：76)。

3 スワヒリ語への逆風

ＩＬＣの前半期、英国東アフリカの四地域（タンガニーカ、ザンジバル、ケニア、ウガンダ）の言語政策は、いずれもＩＬＣの活動に好意的なものだった。標準スワヒリ語能力検定試験に合格することが白人の諸々の下位行政官の任官と昇進の必須要件とされていたことを、分けても重要な事実として指摘しておかなければならない（Mbaabu 1996：77-80)。

やにわにスワヒリ語の発展に急ブレーキがかかり、激しい逆風さえも吹き荒れ始めたのは、右に述べた通り、第二次世界大戦後、方々の戦地からアフリカ人兵士が大量に復員する一九四五年前後である。本節では、事ここに至る事情を、タンザニアと並ぶ枢要なスワヒリ語地帯であるケニアについて、もう一歩踏み込んで探ってみよう。

アフリカ大陸全体を見回すとき、植民地期の東アフリカの言語事情の特筆すべき背景は、宗主国の言語にも匹敵する近代的な書記言語へと発展する可能性を備えたスワヒリ語が、複数の植民地を横断して広域的なリンガ・フランカとして既に植民地化以前からよく機能していたことであった。そして、言語に寛容なゲルマン系の宗主国である独英は、スワヒリ語を実際に行政と教育体系に組み込んだ。その結果、アフリカの他の諸地域とは異なり、東アフリカ植民地での言語政策は、宗主国の言語、スワヒリ語、母語（民族語）の三層（または三極）構造にならざるを得なかった。問題は、各言語を社会機能のどの水準に割り振り、それらの言語の使用を相互にいかに巧みに調和させるかにある。

ケニアのみならず、英領東アフリカでは、概して初等・中等教育の前期には母語を、中期にはスワヒリ語を、後期には英語を教育媒介言語とする言語政策を採用した。例えば、ケニア教育省は、初等教育の最初の四年間を母語で、五、六年目をスワヒリ語で、七年目と中等教育は英語で教育するようにシラバスを策定した。しかしながら、英国人の間には、当初からスワヒリ語を、母語と英語の間に挟まった躓きの石として疎んじる者がいた。諸母語と同じアフリカの言語であるにも拘らず、広範囲のコミュニケーション手段としても、また教育媒介言語としても、（構造的な要因から）英語と必然的に競合する関係にあるからである。そこで、スワヒリ語を牽制する目的で、母語を書記言語として優先させる言語政策の必要性が度々唱えられた。だが、その対象として選ぶべき母語の数が余りにも多過ぎるがゆえに、ケニアは一九四九年に至るまで明快な言語政策を示せなかった。そしてまた、英語に通じるアフリカ人がきわめて少なく、当面英語をスワヒリ語に代わるリンガ・フランカとするのも困難だという現実も否めなかった(Mbaabu 1996 : 80-82)。

ケニアに住む白人の間にも、生業や職務による、明白な立場の違いがあった。宣教師たちはアフリカ人が自らキリスト教文献を読むことを望んで、東アフリカの「自然なリンガ・フランカ」であるスワヒリ語を教育媒介言語とすることを支持し、行政府は大英帝国の臣民の言語である英語を擁護した。他方、入植農民は、英語がやがて左翼的な政治の道具として使われるようになるとして、行政府に激しく異を唱えた。結局彼らが行政府を押し切り、一九四〇年までは、アフリカ人向け教育の媒介言語は（主に）スワヒリ語となった(Mutahi 1980 : 2-4)。

ところが、第二次世界大戦に参戦したアフリカ人兵士たちが帰還し、同胞たちの民族意識を煽って独立闘争を加速させ始めると、植民地政府はすぐにスワヒリ語に冷淡な目を向け始めた。東アフリカ各地から徴募された、バントゥ諸語が母語である者が大多数を占める帰還兵たちは、軍隊では母語に近縁のスワヒリ語で指揮されてきた。「戦後、独立闘争の最中に、その同じ言語が別々の民族出身のケニア人たちを団結させたのである」(Mbaabu 1996 : 82)。新たなナショナリズムの潮流の台頭とスワヒリ語のその動きへの顕著な貢献に勘づいた東アフリカの各植民地政府は、植民地行政官の任官と昇進に関するスワヒリ語の特権的な地位を低減して、幾つかの主要な母語（民族語）を学ばせる新政策を採った。それは、ケニアのマウマウ独立闘争に伴う非常事態への諜報工作上の対処法でもあり、また「世界大戦に参加し、ヨーロッパ人の脆弱さを実見してますます大きく目が開けたアフリカ人たちを新たに分割統治」するべく、彼らを各々の民族集団へと分裂させる手段を確保する、言語政策上の策略でもあった（Mbaabu 1996：83）。

一九五三年、新たに編成された東アフリカ王立委員会が、初等教育の出来るだけ早い段階で英語を教育媒介言語として用いることを勧告したのを受けて、初年次からそれを実行することになった。この変化が（ＩＬＣから改称した）東アフリカ・スワヒリ語委員会への直接攻撃への糸口となり、同委員会はついに意気阻喪してしまう。だが、まさにこの時に、先述の通り、タンザニアがその救済のために手を差し伸べた（前節掉尾参照）のである（Mbaabu 1996：86-87）。

四　ケニアの言語政策の裏表

東アフリカ各地域の言語政策は、先にも述べておいた通り、スワヒリ語の存在のゆえに、基本形として三層構造化し易いと言える。母語重視と英語重視はいずれもスワヒリ語の発展に抑止的に作用するものの、母語重視政策も英語重視政策もまた、それぞれに固有の文化的・政治的な意味を帯びることになるのは言うまでもない。先に見たケニアの一九五三年の植民地政府の決定の背後には、実は、次のようなきわめて意味深長で重大な事情が存在していたのである。

1　英語教育への転換の背景

復員兵の間から有力な政治指導者が現れ、肌の色を問わない、教育の機会均等の必要を訴えた。そして、一九四七年にインドとパキスタンが独立して大英帝国の将来が確実に予見される段階に至ると、教育の機会均等を訴える声が一層の高まりを見せた。英語を遍く教育媒介言語とする一九五三年からの言語政策は、実はこの事態へのいわば不可避の対応策だったのである。ケニアが遠からず独立することになった以上、アフリカ人に英語を教えない分離主義的な施策が政治的な意味を失ってしまうからである。もう、有能な英語教師不足ゆえに英語を黒人に教えられないという口実もすっかり影を潜めた。英国の将来の権益を確保するには、英国人の黒衣《くろこ》となってくれるアフリカ人エリートを急遽養成する必要がある。それには、英語を通じて植民者と同じ文化や価値観を内面化させる教育を施さなければならない。一九四九年に設置されたピーチャー委員会の報告書が一九五〇年に採択され、小学校は四年次まで母語で教えることと、ケニア植民地全域に三四〇校も急拵えする中学校の教育媒介言語を英語にすることが決まった。そして、その結果、スワヒリ語が、多民族が共住する都市部や白人入植地域の農園のみで意思疎通手段として使われるという、一種の孤立状況が現出したのであった（Mutahi 1980：4-6）。

一九五〇年代、英国的価値の模倣の奨励が強調されるようになる。一九五五年のスイナートン計画は、土地の囲い込み制のもとでアフリカ人に開発資金を供与して、入植白人農園主と同格の郷紳を育成することを目的としていた。一九五六年に編成された東アフリカ委員会は、スワヒリ語教育を徒労と評して切って捨てる。次いで「新初等教育方式」（ＮＰＡ：New Primary Approach）を策定して多人種協調に基づく「統一国家建設」を目指し、一九五八年、「発展のための伴侶」と目するアジア人（インド人）の学校に適用する。そして、一九六二年にはナイロビとモンバサの、その後は全国のアフリカ人学校へと順次適用を波及させていった（Mutahi 1980：5-10）。

2 言語政策と政治

統一ケニアの建設には、かつての教育媒介言語であり、民族間の意思疎通のために重用してきたスワヒリ語を重用することが最適の手段であるのは明白だった。だが、スワヒリ語が生み出すであろう統一ケニアの民族融和的な大衆社会は、新植民地主義への「発展」を目論む植民地政府には最悪の未来図である。ただし、この「発展」に戦いを挑むべきアフリカ人は、ケニア独立(一九六三年)が目前に迫っても県(District)単位に分断された民族政党しか作れず、彼らの「統一国家」を目指すとする言辞もその現実に強く呪縛されていた。一九六〇年、ようやくケニア最初の二つの国民政党、ケニア・アフリカ人民族同盟(KANU：Kenya African National Union)とケニア・アフリカ人民主同盟(KADU：Kenya African Democratic Union)が結成される。KANUの綱領は言語と民族の壁を乗り越えて全民族の団結を勝ち取るとするものだったが、具体的な道筋を何も示していない。KADUは会議等の使用言語を参加者多数の言語とし、議事録を本部は英語、地方支部は任意の言語で綴るべきものとした。言語政策への驚くべき無知と無関心は、両政党が国民政党ならぬ県＝民族次元政党の寄り合い所帯である事実を、図らずも暴いていた(Mutahi 1980：5-10)。

かくして、「新初等教育方式」(NPA)は、「教育によるアフリカ人の脱アフリカ化」の手段だったにも拘らず、独立闘争の過程で全く言語政策を示せない両政党の無為無策のゆえに、独立後もそのまま継続されたのだ。マウマウ独立闘争で夥しい血が流されたにも拘らず植民地期の教育制度がそっくりそのまま温存されたという逆説は、権力にありついた者たちが独立のために戦った者ではないことを雄弁に物語っていた。その後、大統領や立法議会がスワヒリ語重視の声明を出したものの、ただの口約束だった。原因は、二大政党が県単位の利害に分断された民族政党の連合体だという、既述の構造にある。政党は各々の政治家の能力をほとんど忖度せず、各指導者が代表する民族集団の規模に応じて議席を按分するのだから、共通語は無しで済まされた。それどころか、共通語で人心を一気に掴むような有能な政治家の出現は、古いボス的指導者たちの命取りにもなりかねず、結局、国民や国家の統一は実質上度外視されたのだ。官僚の中には独立闘争を戦った者もいたが、彼らの立場も政治家と違わなかった。というのも、エリートは、独立前に現在の地位を与えてくれ、またケニアに英語と英国文化を植えつけようとした植民地行政官の英国中流階級的な価値基準を既に深く内面化し、共有していたからである（Mutahi 1980：10-12）。

ただ、ケニアの政党が、狭い地域＝民族的な利害を代表するボスたちのたまさかの連合体でしかなく、絶え間ない合従連衡をくり返してきたのが現実であるにしても、政治家は、国家政治場裡では「国民」の心に届く言葉で呼びかける必要に、どうしても迫られることにもなる。

一九七五年のＪ・Ｍ・カリウキ議員の暗殺と、隣国ウガンダの当時の大統領イディ・アミンによるケニア域内の利権の要求という二つの政治事件は、公的な言語とは何かを考えさせる、良い材料である。両事件を巡って開かれた政治集会では、（母語による自民族内の小集会を除けば）専らスワヒリ語だけが使われた。[7] 英語が全く使われなかったのは、少数のエリートにしか届かず、エリートの政治的関心も低調だったからだ。また、一九七八年八月に続く、初代大統領ケニヤッタ逝去後の情勢不安な数か月間は、国内の隅々で専らスワヒリ語が使われ、やがて、後継のモイ政権への支持が固まるとようやく英語が戻ってきた。つまり、ケニアの政治家は、危機に直面して団結を求める場合にはスワヒリ語を、平穏時には英語を好んで使うのである。これは、先述の合従連衡の政党構造のゆえなのだが、ケニア独立の前も後も言語が重要な政治の具であることの偽りのない表れでもある。重要なのは、英語は国際語であっても、このように国家建設のために用いられることがないことだ。ムタヒはこの事実を受けて、エチオピアやイランという幾世紀も続いた安定した君主国が突如崩壊したのは、指導者が国家利益ではなく自己利益の追求者だったからだと述べ、スワヒリ語による国家建設の必要性を強く主張している（Mutahi 1980：15-19）。

一九七四年七月、国会でスワヒリ語を用いることの合憲性をめぐる論議が起こったのを機に、逆に憲法を修正してスワヒリ語を国会での使用言語とした（Mutahi 1980：13-14）。それ以来、ことに一九八五年に教育体系が七・四・二・三制から八・四・四制に切り替わって以降、スワヒリ語の地位が大きく改善された。スワヒリ語は、小学校と中学校の必須科目、且つ修了試験科目となったのである（Mbaabu 1996：152-160）。それにも拘らず、依然として英語だけが教育媒介言語であり、スワヒリ語にはるかに優越する言語であり続けているのである。

五　タンザニアとスワヒリ語の近代化のもつ意味

前節で取り上げたケニアでは、スワヒリ語が独立闘争の言語として機能し、植民地解放とブラック・パワーの象徴となった。他方、タンザニアでは、スワヒリ語は、さらに強力な国民統合の手段と象徴であり得、またケニアでの存在意義を大きく凌ぐ実用的な現代言語へと成長していった。

1 英語を上回る「国の言葉」

タンザニアでは、ニエレレ大統領の強力なイニシアティブのもと、独立後、（本土タンガニーカがザンジバルと合邦化した）一九六四年に（ＩＬＣが改称した）東アフリカ・スワヒリ語委員会をダルエスサラーム大学に引き取ってスワヒリ語研究所（ＴＵＫＩ：*Taasisi ya Uchunguzi wa Kiswahili*）へと再編して、国家の教育制度に組み込んだ。タンザニアは、さらに一九六七年に国家スワヒリ語審議会（ＢＡＫＩＴＡ：*Baraza la Kiswahili la Taifa*）、一九八六年にザンジバル・スワヒリ語審議会（ＢＡＫＩＺＡ：*Baraza la Kiswahili la Zanzibar*）を創設した。以来これらの諸機関は、統一的な体系性をもち、相互補完的に一貫した運営を続けてきた。つまり、スワヒリ語を国民生活のあらゆる分野での使用に堪える、生きて成長を続ける現代語へと練成するための諸研究と政策・運営を地道に推進し、学術雑誌や辞典の編集・刊行などを通じて、各分野の専門用語を大量に造成して世に送り出し続けている。

かくて、独立と共に無償化された初等教育の就学率は一九七〇年代には一〇〇パーセントに迫り、スワヒリ語の識字率も九割を超えて、どんなに辺鄙な所でもスワヒリ語が通じ、しかも隣国とは違ってこの言語の使用に劣等感や屈折した感情を覚える者が全くいない、理想的な言語・教育環境を実現した。ユネスコは、「サハラ以南の優等生」という高い評価を与えている。すなわち、「旧植民地宗主国の言語（引用者注：英語）を保持しながら、ひとつのアフリカ語を教育、行政言語として定着させ、ほぼ全国民に普及することに成功した例」（砂野　二〇〇九：四八）となったのだ。しかも、「旧宗主国語である英語は、スワヒリ語と並んで「公用語」に定められているが、その使用領域も使用頻度も、スワヒリ語に遠く及ば」ず、スワヒリ語は「「国のことば」であると認められた唯一の言語」（竹村　二〇〇五：八九）という地位を確立したのである。

タンザニア全土にかくも見事にスワヒリ語が定着し得た背景には、幾つかの好条件があった。砂野幸稔は、①植民地支配下で書記言語としての整備が進んでいて、②共通語として既に広く普及し、③スワヒリ語の母語話者がごく少数なので、公用語化によって特権を得る層がほとんどおらず、④その一方で国内の大部分の言語がスワヒリ語との近縁性がきわめて高いバントゥ語系であること、さらに⑤公用語化が独立直後のナショナリズム高揚期に一気に推し進められたこと、などを挙げている（砂野　二〇〇九：四九）。①～④に当たる要因は、本章の各所で触れてきた。⑤は、ここで前節を思い合わせてみれば、ケニアの同時期のスワヒリ語に対する強く抑圧的な空気と鋭い対照をなしていることがよくわかるはずである。

タンザニアの首尾一貫した強力な言語政策の推進は、スワヒリ語を公用語とする他の近隣三国と際立った対照を見せている。

ベルギー領コンゴで、植民地政府がフランス語を最上位に置きながらも、領内の他の主要なアフリカ三言語（リンガラ語、コンゴ語、ルバ語）と共にコンゴ・スワヒリ語（*Kingwana*）を地域公用語化したのには、コンゴ自由国時代の暴虐に対する国際社会の厳しい非難をかわす、政治的な目的があった。ただ現実には、独立後もフランス語優位の体制がむしろ確実に強化されてきたのだ。スワヒリ語は、他の三つの地域公用語に対して優勢になりつつあるものの、現在のコンゴ民主共和国も、スワヒリ語の整備を特に意図してはいない。

ウガンダでは、強大な王国として歴史的に圧倒的な勢力を誇ってきたガンダ人の言語であるガンダ語が、優勢な地域言語の地位を獲得している。スワヒリ語は、キリスト教宣教団も巻き込んで、植民地期当初からガンダ語と激しい対抗関係に置かれた。それこそが、スワヒリ語が東アフリカの現代的なリンガ・フランカとして発展するのを阻害する最大の要因だったのだ。二〇〇五年のウガンダ憲法の修正によって、スワヒリ語が英語に次ぐ第二の公用語とされたのも、(ルワンダ、ブルンジ両国も取り込んで)東アフリカ共同体が近年着実に統合の度合いを深めて発展してきた現実に対する、遅まきの対応だったことは否めない。タンザニアにも比肩できるほどスワヒリ語が普及しているケニアもまた、前節で立ち入って検討した通り、独立してからも一貫した言語政策を採ってこなかった。その結果、他の諸国は、スワヒリ語の標準化と近代化の事業の全てを、タンザニアに完全に依存しているのである。

このように概観してみると、タンザニアにおけるスワヒリ語の目ざましい発展は、まさしく旧植民地が、植民地由来の諸要素を大きく取り込みつつ、それを梃子に国民国家形成に資する近代化の実を上げてきた、「植民地近代性」の恰好の事例と言えるという感が強いだろう。ユネスコの「サハラ以南の優等生」という評価がそれをほのめかしているようにも思われる。しかし、現地タンザニアでも、また周囲の東アフリカ諸国でも、そのような認識が少しも見られないのは、一体何故なのか。ここに、本章の焦点がいよいよ絞り込まれてきたと言えるだろう。

2 アフリカの多言語状況とスワヒリ語

アフリカの近代化の困難と矛盾は、要するに、近代化がほぼ西欧化と同意であることを免れない点にあるが、その矛盾は結局言語問題に集約され、実際、典型的に現象化している。

多言語主義的に複数の母語を整備して育成する(そして教育・行政に組織的に組み込む)ことを(一つ

の理想として）目指すにも、実施上の途方もない巨額の経済的負担という切実な経済的問題や、国民統合に及ぼす負の影響の懸念の他にも、社会言語学的な種々の問題があって、その解決はきわめて困難だ。というのも、実際の母語は誠に数が多く、或る地域で優勢な母語（アフリカの言語）を整備育成の対象として、仮にその幾つかを平和的に選べたとしても、それらの「母語」と、その「母語」の話者である有力民族に近縁な少数民族諸集団の実際の母語との間に、旧宗主国の言語と「母語」との間に横たわっているものと相同形の、言語に関する面倒な問題が、入れ子状に生み出されてしまうからである。しかも、その問題の帰趨が政治的な対立と民族的な紛争にも直結する可能性が、決して小さくないのだ。

このように厄介な多言語状況も手伝って、アフリカのほとんどの国々が、今でも旧宗主国の言語を単一の公用語とするか、優越する最上位の公用語として制度化し、そうでない場合でも、実質的にそれを統治言語として遇している。とりわけ深刻なのは、アフリカ諸国の独立運動の指導者たちの誰もが、（パンアフリカニズムと公称された）ナショナリズムの言説を植民地宗主国の言語を使って鼓吹してきたという、現実の重い歴史があることだ。この問題につとに正面から戦いを挑み、自らの母語（ギクユ語）で旺盛な執筆活動を展開してきたことで、ケニアのグギ・ワ・ディオンゴが名高い。しかしながら、母語で書くことは、そのまま、同じケニア人であっても他の民族集団に属する人々とのコミュニケーションを峻拒することにもなってしまう。まして、ギクユ人が独立後に英国人に成り代わってネオコロニアリズムの強力な担い手となった、ケニアの最大民族（で且つ白人入植者に取って代わった、新たなエリート民族）である厳然たる事実が、上記の「入れ子状」の問題をさらに一層複雑化する可能性を孕んでいたのだ。端的に言えば、酷く多言語的な環境にあるアフリカ諸国が抱える言語問題は、ほぼ「出口なし」の状況に近い。

この現実を冷静に見つめるときに、スワヒリ語とタンザニアが現に切り開きつつある可能性が、いかに例外的で貴重なものであるかが理解できるだろう。（従属理論が指摘するような）旧宗主国の言語による内面からの西欧化の脅威と、母語による多言語主義に固有の上記のアポリアのどちらをも乗り越えることができる、稀有な「もう一つの道」をそこに見ることができる。

一九六三年のアフリカ統一機構（ＯＡＵ：Organization of African Unity）結成当時、蔑視され続けたアフリカの諸言語を旧宗主国の言語の水準へとなんとか発展させて、後者の一元的な支配を脱することが切実な目標として掲げられた。だが、今やその夢はアフリカ人エリートの曖昧な迎合主義によってことごとく費え去ったかのようだ。近年、アフリカ連合（ＡＵ：African Union）がスワヒリ語を（英語、仏語、独語、ポルトガル語、アラビア語に次ぐ）第六の公用語に採用したのも、また早くから（東アフリカから遠く隔たった）ナイジャリアのチヌア・アチェベやウォレ・ショインカなどの（自らは英語で創作する逆説を敢えて引き受けてきた）大作家たちが、スワヒリ語をアフリカの統一的な公用語に遠からず育成すべきだと主張してきたのも、「奴隷貿易の三百年と植民地の百年」というアフリカ近代史を凝視しつつ、スワヒリ語のもつ可能性に最後の希望を託そうとする、痛切な想いのゆえであっただろう。

3　中等以上の教育媒介言語問題

タンザニアを独立に導き、初代大統領となったジュリアス・ニエレレは、植民地宗主国の言語でナショナリズムを説く逆説を深く内面的に自覚し、その矛盾を克服したアフリカの唯一のナショナリスト指導者だったと言える。彼は、スワヒリ語の言語としての汎用的な豊かさと近代言語としての可能性を実証する目的で、シェークスピアの『ベニスの商人』と『ジュリアス・シーザー』を、自らの手でスワヒリ語に翻訳することさえも実践してみせたのだった。

では、そのニエレレ自身が先頭に立ち、スワヒリ語を通じた内面からの国民統合を目標に掲げ、国家の全面的な援助を得て推進してきた言語政策は、現実に、ナショナリズムの観点からも目立った瑕疵のない理想的なものだったと言えるのだろうか。実は、必ずしもそうではない。

タンザニアの言語政策が現在抱えている最大の、そして決定的な弱点は、中等以上の教育における教育媒介言語がスワヒリ語ではなく、一貫して旧植民地宗主国の言語、つまり英語であり続け、それが教育の円滑な発展の障害になっている事実だ。この問題は、一九七〇年代から克服すべき厄介な課題として論じ続けられてきた。言うまでもなく、BAKITAやTUKIなどの諸機関は、他でもなくこのボトルネックの克服という最終目標を見据えて、全力を挙げてスワヒリ語の近代化に邁進してきたのである。ところが、ニエレレ自身が、或る時以来、高等（教育）機関では英語が媒介言語であるべきだという主張をくり返すようになった。すると、ケニアとは一見事情を異にしながらも、タンザニアでもまた英語とスワヒリ語の終りのない対抗関係が言語政策に深刻なかたちで影を落としているということになるだろう。

竹村景子が、この問題を簡明に要約して論評している。それによると、両言語の対抗的な評価の問題は、高等教育の現状を批判するS・ヤハ＝オスマンの一九八八年の論文がきっかけとなって、論争に発展した。ダルエスサラーム大学スワヒリ語学科のM・K・センコロは、スワヒリ語が高等教育の媒介言語として有望であり、逆にもし英語の地位を再度向上させれば、帝国主義の復活に繋がると警告した。また、タンザニアの出版社に席を置くW・ブゴヤは、ニエレレが英語を擁護した演説を集成して批判を加えると共に、英国の出版社の再支配がもたらす悪影響を指摘した。その一方、B・カスワガが、中学一年生の英語能力の低下がその後の教育の進展の大きな障害になっている以上は、英語での教育が必要なのだが、その実施が直に「国家語」(国民統合の象徴)であるスワヒリ語の地位を脅かすことはなく、両言語の併用がかえって教育水準を高める結果になると主張する。竹村(の当該の論文)は、カスワガの論評が冷静で公平なことを認めている。そして、「政府の曖昧な対応」こそが実は大きな問題なのであり、早急に解決の糸口を見出すべきだと述べた(竹村 一九九三:六二—六四)。

4 ネオ・コロニアリズムの影

右の論争には、具体的なきっかけがあった。一九八二年二月、マクウェタ委員会の報告書がニエレレ大統領に提出され、一九八五年からは中学校で、一九九一年からは大学で、スワヒリ語を媒介言語とする教育を始めるように勧告した。ところが、一九八四年に刊行された公式報告書では、この勧告がなぜか削除されていた。タンザニアの教育者たちが、一九六九年から一九八三年までの期間、この求められた転換を実現するべく、周到に準備を整えながら待望してきたにも拘らず、である。

一九八三年に、政府はきわめて予想外なかたちで、このような「潮流」の転換を図る。英国政府の基金で、一九八四年、英国の研究者と行政官がタンザニアの教育における英語力の水準を現地調査した。彼らは「英語はタンザニアでは有効な教育媒介言語ではなくなっている」と述べたにも拘らず、英語を媒介言語とする明確な教育制度、つまり彼らが掲げる「英語支援計画」の採用と開始をタンザニア政府に勧告したのであった(Brock-Utne 2001:123-124)。

それは、今後とも英語を教育媒介言語とし続けるという条件のもとで、「タンザニアに対する英国の最優先の教育援助」と位置づけて、英国海外開発省が「計画」の資金を賄おうという性格をもつ勧告であった。しかも、政治・経済の変換の焦点として、ＩＭＦによってタンザニアがそれを強制されたのだと言われている（Brock-Utne 2001：123-124）。当時、毛沢東の人民公社をコピーしたウジャマー（*Ujamaa*）政策の無残な失敗によって底の見えない長い経済苦境に喘いでいたニエレレが、断腸の思いでそれを受諾したことは、想像に難くない。

タンザニアの政権政党であり、近年まで単一政党であった革命党（ＣＣＭ：*Chama cha Mapinduzi*）は、あらゆる会議の記録も、各種の出版も、全てスワヒリ語のみで行ってきた。ところが、複数政党化に伴って近年結成された諸政党は、外国から援助を仰ぐために、英語を多用する傾向が強く見られる。つまり、「新政党の大部分は、〝学校教育を受けた〟者が始めたのだ。彼らは海外で教育を受けており、その多くの者がスワヒリ語に対する敬意をほとんど抱いていないのである」（Brock-Utne 2001：123-124）。

先に見た通り、かつては価値中立的に英語とスワヒリ語の対抗関係の回帰現象を論評していた竹村も、事ここに至っては、今や怒りを隠さずに次のように断じている。中学校で「教員が英語のテキストを用いて講義しているのを釈然としない様子で生徒が聞き、後で同じ内容をスワヒリ語で説明し直すという情景がくりかえされていた」（竹村　二〇〇五：九二）。さらに竹村は、明快にこうも言う。「このような事態が存在してなお、政府が態度を変えないのには理由がある。英語を知っていることによって保持している既得権益を失いたくないエリート層の人々が存在するからである」（竹村　二〇〇五：九二）。

タンザニアのこうした状況を簡潔に要約するとすれば、「政府は、国を統合するのに必要な言語（スワヒリ語）と、国を動かすのに必要な言語（英語）とをはっきり区別している」（竹村　二〇〇五：九二）ということになるだろう。

5　植民地経験の「総決算」

以上、スワヒリ語の標準化と近代化を巡る一連の歴史的経験を「植民地近代性論」を視角として大摑みに再考してみた。そしてこの地点から振り返ってみれば、「植民地近代性論」とは、独自の近代化を成功裏になし遂げた人々が回顧的な省察を媒介にして展開する、一種の「達成の語り」という属性を帯びているように思えてくる。

アフリカは、経済的・政治的にはいまだに（いやますます強く）ネオ・コロニアリズムの支配下にあり、ポスト・コロニアル論や従属理論が十分に説得力をもって語られる社会・文化状況がそこには確かに存在している。また、中林のいう識字的権威の背景をなす近代的識字言語を自らの伝統に基いて作り出し、国民がそれによって近代的な知に接近できる状況を、どのアフリカの国家もまだ達成していない。これを、（植民地化に伴って「識字的権威」によって初めて創り出された）「共通空間」から（誰もが教育を通して一切の知にアクセスできる、市民的な）「公共空間」への発展が達成されていない（砂野　二〇〇九：五五、五八―五九）と言い換えてみることもできるだろう。いずれにせよ、近代スワヒリ語を一貫した言語政策のもとに成功裏に整備し、発展させてきたタンザニアでさえもなおそうであることを、本章が明らかにしたことになるだろう。すると、アフリカについては、市民的近代の（漠然とした）達成可能性を歴史的な必然の過程として前提して、価値中立的に植民地近代性を語ることはまだ出来ないのだ。

アフリカとアジアの植民地解放運動の差異は、アフリカでは（ニエレレを例外として）為政者が言語の問題と政策を真正面から実践的に深く検討することがなかった点にある（砂野　二〇〇九：四五）。「植民地近代性」論は、植民地解放運動をそのまま引きずっているとも言えるナショナルな言説を冷静に再検討して、一層大きな史的なパースペクティブを得ようとする、尖鋭な学問的動きだと言えよう。だが、アフリカの独立運動がどうにか実現し得たのは、独自の自立した近代ではなく、（ケニアが典型であるような）アフリカ人エリートによる代替的な植民地主義とも言える、ネオ・コロニアリズムだったのである。それゆえに、そこにはまだ、「達成の語り」である「植民地近代性」の言説が生まれる素地が存在しない、と見なければならない。

アフリカの政治指導者は、ナショナリストとしての外貌や人気の如何を問わず、誰もが、結局はエリート主義者であるしかなかったと言える。ニエレレがおそらくその唯一の例外だったのだが、ニエレレであってさえも、一九六七年の「アルーシャ宣言」以来のウジャマー（社会主義）政策の失敗による深刻な経済的破綻の淵から国家を再建する喫緊の必要性に迫られて、ついに旧宗主国の経済支配の軍門に下り、国民統合のための言語（スワヒリ語）と国家運営のための言語（英語）の乖離を容認する言語政策へと、舵を大きく切り直さざるを得なかった。そして、パンアフリカニズムの理想のもとに高く掲げられてきたスワヒリ語最優先の言語政策が、ついに放擲されたのだ。ここに見る熾烈な現実に、アフリカの植民地経験の今日までの（そして、あくまでもその限りでの）総決算を読み取ることができると言えよう。

それゆえに、アフリカについての「植民地近代性」論は、アフリカの人々自身にとっては、目下将来の可能性の水準に局限されていると言わざるを得ない。しかしながら、筆者のようなアフリカ研究者にとっては、それは、アフリカの植民地化以来の経験をもう一度深く、且つ多角的に再度読み解く可能性を（たとえ想像の次元ではあっても）与えてくれるのである。

おわりに

タンザニアがスワヒリ語を近代的な言語へと育て上げる一貫した言語政策を採った結果、アフリカの国家としてはきわめて例外的な、高い国民統合を実現した。少なくともタンザニア本土では、現在民族（部族）感情は希薄化し、都市では特にその程度が著しいと言える。

言語に関して無為無策に近かったケニアには対極的な状況が生まれ、それがキプシギス民族の歴史にも甚大な影響を与えた。一九四〇年代半ばから、当時キプシギスを最大の構成要素とする少数民族群であった「ナンディ語諸民族」（Nandi Speaking Peoples）は、言語の著しい共通性を梃子とする超民族形成運動を急速に、そしてきわめて有効に展開した。その目を見張るほどに急激な伸長のゆえにカレンジン現象（Kalenjin phenomenon）と呼ばれ、一九七八年には、彼らの間からケニア第二代目の大統領、ダニエル・アラップ・モイを生み出す。その直後、一九七九年の国勢調査以来、キプシギス等、当該の個々の民族の名称は国勢調査報告書から姿を消し、カレンジンが公的に、完全に実体化されることになったのだ。

《注》

（1）田中（一九九三：四九）。

（2）これはナイジェリアの高名な小説家チヌア・アチェベの表現だが、それでもまだかなり抑制されたものだと言える。ベルギー国王レオポルド二世が、探検家スタンレーのスポーサーであったことを機縁として、（自国のではなく）私的な植民地として成立させて欧米列強の承認を受けたコンゴ自由国では、二十一年間の統治期間に人口が半減したと言う。ちなみに、そのコンゴでの実体験を踏まえて書かれたジョセフ・コンラッドの小説『闇の奥』は、植民地の闇のみならず帝国主義と植民地体制がおびき出してしまう、人の心に潜む奥深い闇を抉り出して、二十世紀の小説に新たな可能性を開いたと評されている。

（3）ここには、アフリカの植民地化以前の「非文字」（nonliterate）状況に触れることに対する欧米人研究者の倫理的な自制が見られる。その前提になっているのは、しかし、「非文字」（nonliterate）と「文盲」（illiterate、無筆）の混同であろう。「識字的権威」が支配するがゆえに識字（literate）が（権威的な）知に接近する大前提となっている社会において識字能力をもたない（illiterate）ことと、誰もが文字を前提としないで知に接近する社会における人々の通有のあり方（nonliterate）とは、知のあり方において全く別のことである。まず第一に、この事実をきちんと確認しておきたい。

しかしながら、文字は識字能力それ自体だけに止まらず、諸々の「識字的な権威」の成立を促す。だから、「識字的な権威」をもつ側の文化が、植民地化された側の人々の日常的な暮らしの細部にまで深く浸透して、その価値観さえも内面化させてしまったと言える諸側面を否定することはできない。ケニア人の言語学者ムタヒは、次のように述べている。「アフリカ人に英語を教えることは、ヨーロッパ人の利益擁護の過程と見なければならない。この過程は、英語を教えられるアフリカ人（引用者註：エリート）たちに植民地の主人と同じ物の見方と文化をしっかり手に入れさせることによって確かなものになるのだ」（Mutahi 1980：6）。欧米人研究者の倫理的な自己抑制は、こうした事実の認識に裏付けられたものと考えられる。そうではあっても、学問的には、この手の過剰な自制が退嬰的な面をもっている点は、彼らもまた自覚的だろう。それにも拘らず、なお強く自制的にならざるを得ないのだとすれば、そこに「植民地近代性」概念に由来するアフリカの抑圧的な現状が窺えるはずである。

（4）ただし、民族的な同一性が著しいマダガスカルでは、フランスによる植民地化（一八九六年）以前に、イメリナ王国がマダガスカル語のローマ字（Latin alphabet）による書記化を通じて、近代的な教育を開始していた――仏植民地政府がそれを抑圧したのだ。また、比較的人口が少なくて言語的等質性が高く、宣教団の布教活動を通じて書記言語としての多数派民族の言語の整備がなされていた地域では、（旧宗主国の言語に加えて）国内の単一の言語を公用語としている例がある――ボツワナ、ルワンダ、ブルンジ、スワジランド、レソト等。

とは言え、その教育や出版上の実用性は、タンザニアには匹敵しない。また、植民地経験という現実以外には共通空間を構成すべき根拠がない広大な多民族・多言語地域を、統一的な書記言語の建設によって国家統合し、さらにはそれを超えた巨大な地域統合を実現しようとする近代化の経験において、スワヒリ語の発展過程が固有の重大な歴史的意味をもつことには少しも変わりがない。

（5）南アフリカのアフリカーナは、父祖の国であるオランダ政府の直接的な影響下にあったわけではない。だが、文化的な傾向を共有し、それが言語政策に直接的に反映されていたことは、誠に興味深い。

（6）ニアサランド（現マラウィ）も招待されたが、代表を送らなかった。

（7）今日の国家政治の諸場面でも、基本的にこの構図は変わらない。ケニア国民の建国以来の念願だった政権交代が実現した二〇〇二年の総選挙を初め、諸々の選挙キャンペーンのあらゆる場面で、スワヒリ語や、スマートで開明的な新しい若者言葉と見做されて人気が高い（スワヒリ語の都市型変種とも言える）シェン語の惹句が盛んに使われて、大きな効果を生んできた（小馬　二〇〇九ａ、二〇〇九ｂ）。

《参考文献》

Brock-Utne, Birigit (2001) "Education for All――In Whose Language?," *Oxford Review of Education*, 27(1), pp.115-134.

Mazurui, Ali A. and Mazurui, Alamin M. (1995) *Swahili State and Society――The Political Economy of an African Language*, Nairobi: East African Educational Publishers, London: James Currey.

Mazurui, Ali A. and Mazurui, Alamin M. (1998) *The Power of Babel――Language and Governance in the African Experience*, Oxford: James Currey, Nairobi: East African Publishing Bureau, Kampala: Fountain Publishers, Chicago: University of Chicago Press.

Mbaabu, Ireri (1996) *Language Policy in East Africa*, Nairobi: Educational Research and Publication.

Mutahi, Karega (1980) "Language and Politics in Kenya (1900-1978)" (Seminar Paper), Department of History, University of Nairobi.

Robert, David Harrill (1976) "Bridging the Gap――Language Learning Methods Employed by Baptist Missions in Eastern Africa" (Seminar Paper), Language Association of Eastern Africa.

Sigalla, Huruma Luhuvilo (2010) "Ethnic Diversity in East Africa――The Tanzanian Case and the Role of Kiswahili Language as a Unifying Factor," K. Njogu, K. Ngaeta, M.Wanjau (eds.) *Ethnic Diversity in Eastern Africa,* Nairobi: Twaweza Communication. pp.105-120.

Whiteley, W. E. (ed.) (1974) *Language in Kenya,* Nairobi: Oxford University Press.

梶　茂樹（二〇〇九）「多言語使用と教育用言語を巡って――コンゴ民主共和国の言語問題」、梶　茂樹・砂野幸稔（編）『アフリカのことばと社会――多言語状況を生きるということ』三元社、二二五―二四八頁。

小馬　徹（二〇〇五）「グローバル化の中のシェン語」、梶　茂樹・石井　溥（編）『アジア・アフリカにおける多言語状況と生活文化の動態』東京外国語大学アジア・アフリカ言語文化研究所、八七―一一四頁。

小馬　徹（二〇〇九a）「隠語からプロパガンダ言語へ――シェン語のストリート性とその発展的変成」、関根康正（編）『ストリートの人類学　上巻』国立民族学博物館、三四九―三八三頁。

小馬　徹（二〇〇九b）「宣伝から「国民文学」へ――ケニアの新混成言語シェン語の力」、『歴史と民俗　25』（神奈川大学日本常民文化研究所〔編〕）平凡社、一二三―一七一頁。

小馬　徹（二〇一一）「TV劇のケニア化とシェン語――ストリート言語による国民文学の新たな可能性」、神奈川大学日本常民文化研究所（編）『歴史と民俗　27』平凡社、二一五―二四七頁。

宮崎久美子（二〇〇九）「多民族・多言語社会の諸相――ウガンダにおける言語政策と言語使用の実態」梶　茂樹・砂野幸稔（編）『アフリカのことばと社会――多言語状況を生きるということ』三元社、三四九―三八四頁。

宮本正興（二〇〇九）『スワヒリ文学の風土――東アフリカ海岸地方の言語文化誌』第三書館。

中林伸浩（二〇一三）「アフリカの植民地近代性――「宗教」の侵入について」、永野善子（編）『植民地近代性の国際比較――アジア・アフリカ・ラテンアメリカの歴史経験』御茶の水書房、二一九―二四五頁。

品川大輔（二〇〇九）「言語多様性とアイデンティティ、エスニシティ、そしてナショナリティ――ケニアの言語動態」、梶　茂樹・砂野幸稔（編）『アフリカのことばと社会――多言語状況を生きるということ』三元社、三〇九―三四八頁。

砂野幸稔（二〇〇九）「アフリカにおける言語と社会」、梶　茂樹・砂野幸稔（編）『アフリカのことばと社会――多言語状況を生きるということ』三元社、九―三〇頁。

竹村景子（一九九三）「多民族国家における国家語の役割――タンザニアのスワヒリ語の場合」、『スワヒリ語&アフリカ研究』（大阪外国語大学地域文化学科スワヒリ語・アフリカ地域文化研究室）第4号、三四―九九頁。

竹村景子（二〇〇五）「スワヒリ語は植民地民族語の記憶を負えるのか――タンザニアにおける「超民族語」とその他の諸民族語の相剋」、『神奈川大学評論』第51号、八八―九五頁。

竹村景子・小森淳子（二〇〇九）「スワヒリ語の発展と民族語・英語との相剋――タンザニアの言語政策と言語状況」、梶　茂樹・砂野幸稔（編）『アフリカのことばと社会――多言語状況を生きるということ』三元社、三八五―四一八頁。

田中克彦（一九九三）『ことばのエコロジー――言語・民族・「国際化」』農文協。

米田信子（一九九七）「民族語に対するタンザニアの言語政策」、『スワヒリ語&アフリカ研究』（大阪外国語大学地域文化学科スワヒリ語・アフリカ地域文化研究室）第7号、三四―五〇頁。

第二章　キプシギスの殺人事件から見た国家と民族

ベンヤミンは、法や掟とよばれる「秩序」一般の発生と存続維持のなかに根源的に内在する暴力をつかみだす。（中略）「秩序」とは、ハンナ・アレントもいうように、「権力」にほかならない。（中略）ベンヤミン的にいえば、秩序と権力は本質的に暴力である。(1)

はじめに

一本の線によって白紙の上に円が描かれるとき、内と外とが同時に分節されて、その両方がその瞬間「離接的に」生み出される。日本語では家族、即ち家は、しばしばウチと呼ばれ、その内側に属するものは「ウチの者」であり、その「ウチの者」、特に女性は往々自らを「ウチ」と称することがある。

民族は、確かに「幻想の共同体」の一つである。植民地化以前、東アフリカの「統治者なき民族」の間では、或る一人の人は、氏族、年齢組、出自、出身地、居住地等による多重な個人的なアイデンティティを同時にもち、臨機応変にそれらを使い分けていたと言えよう。植民地政府によって、それらの小集団が時に応じた自由な移動と随意の離合集散の可能性を封じられ、或る特定の「部族」として固定され、「応分の」行政地域に封じ込まれた。すると、民族集団（部族）という殻が出来、その殻が、植民地や国家という新しい大きなパイの取り分を巡って、戦略的に硬さを増していったのである。

とはいえ、植民地化以前の小さな人間集団のアイデンティティのあり方にも、様々な容態があり得た。キプシギス民族は、たとえ生まれ育ちがどうであれ、彼らに固有の（割礼を伴う）イニシエーションを受けた者を一人前、つまり「ウチの者」として認めてきた。民族名のキプシギス（*Kipsigis*）とは、「イニシエーションを受けて、社会的に生まれた」（*sigis*）「男」（*Kip-*）という意味である。そして、一人前の女性は、「イニシエーションを受けて、社会的に生まれた」（*sigis*）「女」（*Chep-*）、つまりチェプシギス（*Chepsigis*）と呼ばれる。なお、「（生物学的に母親の胎から）生まれる」（*i*）ことは、キプシギスの子供であることを保証するが、キプシギス（チェプシギス）としての資格を自動的に与えはしない。一人前になるには、イニシエーションを受けて社会的に生まれ直すことが絶対不可欠の条件であったと言って良い。

伝統社会においては、「内／外」の分節が、二重道徳に根拠を与えてきた。キプシギス民族も例外ではない。それどころか、「内殺人／外殺人」という、その行為の社会的な意味が全く異なり、対照的でさえある、二項対立的な概念が存在する。本章は、内殺人と外殺人の各一例の詳細な事例分析に基づいて、キプシギス民族と「国民国家」ケニアの関係のあり方を考察するものである。

一　見えないアフリカ

一九八九年一一月のベルリンの壁崩壊は、仮にそれが何であるにせよ、その前後から確実に進み始めていた歴史の巨大で底深い地殻変動を象徴していた。この状況は、アフリカの国々にとっては、特に重い意味をもつ。というのは、一九五七年のガーナ独立を皮切りとして最も遅れて一斉に近代に参加し、国民国家建設という近代国際政治の根幹をなすパラダイムと懸命に格闘している最中に、世界の他の部分が既にそれを脱して超近代的な別の新しいパラダイムを模索し始めていたことを意味しているからである。中でも差し迫った困難は、アフリカが世界のこの新たな胎動に取り残されたこと以上に、世界の他の部分からは「混沌」としてしか見えず、無視され、久しく忘れ去られようとしてきたことにある。

ベルリンの壁崩壊に象徴される冷戦構造の終焉は、皮肉にも、その冷戦構造のもとで抑止されていた民族的ナショナリズム（ethno-nationalism）を解放し、世界の到る所で多種多様な地域的紛争を陸続と勃発させる引金になってしまった。それがF・フクヤマらのネオ・ヘーゲリアンが予想した楽観的な「歴史の終わり」（フクヤマ　一九九二）を意味しなかったことは、今や誰の目にも明らかだ。

今、世界は取り分け見え難く、情勢判断は確かな焦点を結び難い。ピエール・ルルーシュは、冷戦後には、従来の資本主義と共産主義の断絶に代わって、伝統的な社会民主的資本主義と、国家に管理されて人権や市民の権利に無関心な権威主義的超資本主義との間に断絶が存在していると述べた。この断絶とは欧米とアジア（アジアNIES、ASEAN、ならびに中国）との間の断絶のことであり、彼はそこから「新世界無秩序」を予想した（ルルーシュ　一九九四）。

ジャンマリ・ゲーノは、そのような「無秩序」や十九世紀以前の秩序への回帰を予想する論調からさらに一歩踏み出して、来たるべき時代のルールを積極的に把握しようと試みる（ゲーノ　一九九四）。彼によれば、ベルリンの壁の崩壊が象徴するのは、たんに冷戦や社会主義の興亡の時代の終わりではなく、フランス大革命に始まる近代それ自体の終わりなのである。この見解は、国民国家と近代民主主義を人類の究極的なゴールとする見方、即ち政治的な秩序によって自由を保証する実験が歴史的な役割を終えたとすることを意味している。彼によれば、来るべき世界システムは、一つに統合されてはいるが内部は多様なままであり、この意味で「帝国」の語でイメージできるものとなる。現代社会は余りにも多様化し、ボーダレス化してしまったので、人々を国境の枠内で同質化したうえで、国民として集合的に主権を行使させようとするのは、既に現実にそぐわない。彼は、そう考えているのだ。

ゲーノの仮説を媒介とすれば、総じて時代が見えないとは言え、ヨーロッパやアジアが、螺旋状の迂路を辿りながらも、来たるべき世界システムに向かって動き始めているようにも思える。現に、漆黒の闇のごとく人々を戦かせたボスニア紛争でさえも調停を見た。長引いたカンボジア内戦がUNTACによって曲がりなりにも終結を迎えたのは、ベルリンの壁崩壊後のことである。

その一方で、サハラ以南のアフリカは、「失われた十年」と呼ばれた一九八〇年代を経て、その後もなお停滞の中に重く蟠り、混迷し続けた（小馬　一九九三：九九—一〇九）。一九九三年、第二次国連ソマリア活動（UNOSOM II）のためにソマリア内戦に介入した多国籍軍は、幾人もの犠牲者を出しながらもただ惨めに撤兵するしかなく、国連と米軍の権威は痛く失墜した。また、大量の殺戮と難民を生んだルワンダ内戦の後遺症は、現今もなお感じ取られている。サハラ以南のアフリカに関する限り、状況をどう定義し、何を試みようとも、国内勢力も国際世論も有効な解決をもたらさなかった事例が数多い。ソマリアやルワンダの他にも、リベリア、シェラレオネ、ブルンジ、スーダン、南スーダンなどの名が、その例としてすぐに思い浮かぶだろう。今もなお、時代状況の中で行く末をよく見透せないのは、何処にもましてアフリカなのである。

田中明彦の「新しい中世」の概念は、アプローチの仕方は異なるものの、ゲーノの「帝国」のイメージに重なる部分が少なくない。田中は、購買力平価によるＧＤＰ、政治体制の自由度、ならびに平均寿命に関する指標という単純な要素の組み合わせから、現代世界を「新しい中世」の特徴を最もよく示す少数の先進国からなる第一圏域（新中世圏）、大部分の国が属し、近代を色濃く残す第二圏域（近代圏）、近代から脱落した比較的少数の国からなる第三圏域（混沌圏）とに三分している。アフリカの国々は、南アフリカ共和国やガーナなど、そのほぼ半数が第二圏域に、またケニア、タンザニアなどの残る半数が第三圏域に属する。しかも、第三圏域は、ラオス、ミャンマー、イエメンを除いて全てアフリカの国々によって占められている（田中　一九九六）。

このシェマの根底には、いわゆる「第三世界」の現状が実際には多様であり、今やそれが急速に解体し、分岐しつつあるという田中の認識がある。そのうえで、「この第三圏域は、第一圏域が『新しい中世』に向かう中で、かかわりたくない『混沌』として忘れ去られてしまうのであろうか。その危険は非常に高い」（田中　一九九六：二一―四）と、田中は警告した。しかし、本当にそうだろうか。

筆者のようなアフリカを主たる調査地域とする人類学徒にとっての試練は、調査の対象とする個々の社会が決して「混沌」ではあり得ないことを自ら確かに体感しながらも、社会科学を初めとする他の学問分野の専門家や実務家たちにそれを伝えるべき共通の「言語」をもたないこと、よりラディカルには、それを作り出せていないことである。アフリカが世界から見捨てられ、放置されることは、確かに怖い。だが、個々のアフリカ社会をイーミック（emic）な視点から把握することを怠ったエティック（etic）な、あるいは「巨視的な」視点からの独断的な介入は、国際機関や政府機関によるものであれ非政府組織によるものであれ、一層大きな破滅到来の危険を孕んでいるのではないか。アフリカについて何かが言われ、アフリカがどうにかされる度に、事態はますます現実を逸れ、混迷に向かって一人歩きを始めるように思えてならない。

一体どうすれば、アフリカの諸社会が「混沌」ではなく、一つのそれなりの秩序として人々の目に映り、そこに住む無名の民衆の寛いで打ち解けた心、いわば「洗い晒し」の心の端が見えてくるようになるのか。その「洗い晒し」の心は、不完全な人間の常として、理想を愛するよりは実際に執着し、賢明であるよりはむしろ愚かであり、殊勝であるよりも傲慢である面を実際にもっているかもしれない。だが、まずしっかりと対象を凝視してそれを見出してからそこへと赴こうというのでなければ、どのような声も、いかなる働きかけも、一切何処へも届くことはあるまい。

二　描かれるべき「文化」とは何か

我々文化人類学徒が手にしている方途は、他でもなく、ただ文化を描くことである。とはいえ、文化とは必ずしも専一の実体ではない。「文化」とは、精神分析学における「無意識」の概念や物理学における「重力」の概念と同様に、混沌とした既知の事実の海に敢えて秩序を課し、それを理解可能できるようにしようとする理論、ないしは枠組みのことである。この意味で、「文化」は理論であり、また抽象であるが、その抽象には様々なレベルが考えられる。

川田順造は、日本民族学会誌の特集「文化的自画像——名乗られたものとしての文化」に付された冒頭の解題の中で、文化について次のように述べている。「文化はさまざまなレベルで問題にしうる。一人一人異なる個人が、それも一貫性なしに担っている価値観と実践の姿として。ある範囲の人々に集合的に、意識されないままにすりこまれ、生きられている営みの総体として。あるいは意図して語られ、描き出された像として」（川田　一九九八：五〇）。川田は、世界の現状を「西洋近代の産物である国民国家が世界を覆いつくしたとき、それがすでに人間統合の枠組として時代遅れになり、人間にとっての桎梏となっている状況」と捉えたうえで、「この特集で問題にするのは、とくに今述べた第三のレベルでの文化である」と言う。それは、従来権威をもってきたイデオロギーの凋落と、グローバリゼーション、ならびに「開発」の著しい進行に特徴づけられる現状が、「新しい人間統合のあり方の模索とそれに基づくアイデンティティの表明としての文化を、一層つよく人間に必要とさせているように思われる」からだとする、彼の判断に支えられている（川田　一九九八：五〇）。

しかしながら、本章で描こうとする「文化」は、川田が上に整理した第二の意味での文化、即ち「ある範囲の人々に集合的に、意識されないままにすりこまれ、生きられている営みの総体として」の文化なのである。その理由は、このレベルで抽象される文化こそが、現今のアフリカの諸社会を理解する鍵を今も握っていると考えるからだ。筆者がそう判断する第一の理由は、少なくとも筆者が四〇年近く調査を続けてきたケニアでは、他者の視線とせめぎ合う経験を通して「文化の自画像(2)」を描く殊更な動きを強く見てとれないという現実にある。第二には、世界の現状認識において、川田と筆者の間にあるなにがしかの差異が理由となる。川田が「西洋近代の産物である国民国家が世界を覆いつくしたとき、それがすでに人間統合の枠組として時代遅れになり、人間にとっての桎梏となっている」というのは、総論としては正しいかも知れない。しかしながら、この認識は、アフリカの現実には必ずしもまっすぐに届かないと思う。

川田の先の認識は、例えば、当時欧州連合（ＥＵ）のような超国家的な統合体が実現までの日程を数え始めていた一方で、地域・民族の重要性が高まり、その狭間にあって国家の地位が相対的に低下しつつあるという、マスコミを通じてよく耳にする論調に通じている。こうした認識の底には、国家が一方的に地域・民族を抑圧してきたという、二元論的な国家観が潜んでいるはずである。また、国家の人工性を指摘し、指弾する論調もマスコミに通有のものだ。例えば、ルワンダ、ブルンジの内乱を取り上げた「苦悩の中部アフリカが問う」という論説は、次のように述べている。「中部アフリカの混迷は、西欧による植民地支配以来のアフリカ全体の苦悩を凝縮している。一方的に敷かれた国境線、部族対立の意図的な温存、その結果としての絶えざる政治的な不安定などである」（「苦悩の中の中部アフリカが問う」『朝日新聞』一九九六年一一月九日）。

この論説が指摘するそうした側面は、なるほど否み難いものだろう。しかしながら、筆者は、そのようなステレオ・タイプ化された認識が、諸民族の現在を考え、現実に解決を模索する場合の基盤の全てではないし、その適切なあり方でもないと思う。なぜならば、独立に伴う国民国家建設のみならず、植民地化の道筋においてすら、異なる政体間の暴力的な衝突や排他的な相剋だけがあったわけではない。ある条件においては、包摂される側の自発的な参与と適応という、いわば創造的な交流の過程があり得たことを見逃してはならない（中林　一九九一、小馬　一九九五ａ）。

例えば、ケニアのように、内部に大きな問題を抱えながらも均衡と安定を保ち、それなりの発展を遂げてきた国における諸民族集団の現在を考える場合、このような視点が不可欠となる。現時点での或る民族集団は、かつてのその民族集団の伝統をそのまま生きているわけでは決してないのだ。殊更に「文化的自画像」を描くことがなくとも、どの民族も国家と相互媒介的にその現在を必死に形成してきたのであり、しかもその過程は少なくとも既に数十年の歴史を刻んでいる。いわば、この「共生関係」、裏返せば「共犯関係」を構成している引力と斥力の錯綜を丹念に読みほぐすのでなければ、私たちの理解が彼らの生きられた現実にきちんと届くことはあるまい。

川田も、この反面を忘れてはいない。編集者である彼は、森山工の「描かれざる自画像」と題された論文（森山　一九九八）を掲載し、「文化的自画像」が描かれる条件と描かれない条件の考察にも読者の関心を向けている。森山論文は、国家という虚構された文化体が、それに抗する傾きの強い民族にとっても、ある条件においてその存在の独自性を支える実際的な枠組みとなり得ていることを、マダガスカルの具体的な事例の分析を通して説得的に語っている。

筆者は、植民地化から独立へという一連の歴史過程における、個々の民族集団の対応のうちに創造的な側面を積極的に見出し、その努力の成功と失敗を通して、個々のアフリカ社会の今を把握しようとする立場をとる。本章では、植民地や国民国家という超民族的な制度と擦り合わせつつ、伝統的な政治構造を再定義する。また、伝統を再創造しながら急激な近代化の過程を生き抜いてきた、民族集団の懸命な努力が往々なおかつ破綻を見せる場面としての殺人事件に焦点を当て、諸状況の細部と背景に注目する。そして、それを民族誌の実際の具体的な脈絡で分析することを通して、日頃は他者の目からばかりでなく、土地の人々自身の意識からさえも隠されている、民衆レベルでの民族と国家の関係の実相を浮き彫りにして把握することを目的としている。この目的を達成するには、何にもまして、インテンスィヴなフィールドワークの長年にわたる継続と蓄積が欠かせない。それゆえ、筆者が長年関わり続けてきた西南ケニアのキプシギスの人々の事例を考察の対象とするのである。

三　二人の殺人者

もし殺人を「我々意識」によって繋がれた最大範囲の人間集団内部での事象についての概念であると規定すれば、それが最も重い罪であることは、時代と地域を超えた普遍的な事実である。したがって、個々の殺人事件はその人間集団内部における下位集団の相互関係に潜在している亀裂と対立を人々の意識に露にし、それを通して自他の関係をその都度問い直し、規定し直す大きな契機となる。

米国の元人気バスケットボール選手O・J・シンプソンが殺人容疑に問われた裁判は鮮烈な印象を残し、その後の劇的な成り行きは今も我々の記憶に新しい。この裁判が米国における白人と黒人との間の容易に埋められない断絶を改めて浮き彫りにすると共に、それを一層深く刻印する結果となったのは、周知の事実である。殺人事件が、どのレベルであれ、自他の個人的、集団的規定と再規定に関わる機能をもつとすれば、それは殺人事件が同一の法のもとにある人間集団の内部と外部の規定と再規定のあり方にも、そのまま関わり得ることを含意している。

以下にキプシギスの二つの殺人事件の経緯を具体的に追うが、それに先立って、殺人事件を分析する視点を、前もって以上のように整理しておきたい。なお、キプシギスでは、殺人事件はかなり珍しい出来事だ。筆者が現地調査を始めた一九七九年以来、主たる調査地であったボメット県ンダナイ郡で起きた殺人事件は、《事例2》の他に数例聞き及ぶのみである。また、筆者の調査に先立つ十五年から二十年の間にも、《事例1》の他には、酒場でのたった一件の殺人事件が人々の間で知られているに過ぎない。

1 《事例1》「岩」と恐れられた男が犯した二度の殺人

若い頃からきわめて粗暴で、しかも見上げるばかりに巨大な体躯を誇っていたAは、*mwamba* という渾名で知られていた。*mwamba* とは、ケニアの共通語であるスワヒリ語で、「岩」を意味する語である。

一九六四年のある日、カムゲノ近隣集団の男性たちが、アラップ・カプチェムルの家に集まって地ビールを飲んでいた。キプシギスの伝統的な互酬的な労働交換の一つにコクウェット（近隣集団、*kokwet*）と呼ばれるものがある。近隣集団内のある世帯が、家屋の建築、溜め池掘り、畑の開墾、穀物の採り入れなど、一時的に集約的な労働作業をしなければならない機会に、自分が住んでいる近隣集団の全ての所帯の協働を要請するのがそれである。基本的には、各世帯から成人男子一人が参加しなければならない。ただ、家屋の建設などには、性的分業の慣習に従って女性が参加する場面（例えば壁土塗り）もある。加勢を得た所帯は、後ほど全ての援助者を招いてその労を労い、自家製の地ビールを振る舞わなければならない――この時に提供されるビールもまた同じく、*kokwet* と呼ばれる（小馬　一九八二、Komma 1984：161）。この日のビール・パーティは、まさしくそれに当たっていた。

コクウェット・ビールの噂を聞きつけたAは、突然ビール・パーティの会場であるカプチェムルの家の中に入り込んで来て、ビールを飲ませろと要求した。当該近隣集団成員以外の者がこうしたビール・パーティに参加できるのは、正式には、その近隣集団の誰かが権利を譲渡した場合に限られている。ビール・パーティの作法に従って母屋内部の戸口のすぐ横の席に座ってパーティの一切を取り仕切っていた、この世帯の当主カプチェムルは、Aの非礼を咎めて追い払おうとした。だが、Aは頑としてその場から立ち去ろうとはしなかった。これに怒った会席者の一人メレフ・アラップ・マブワイは、自分が腰掛けていた、きわめて丈の低い、ごく小さくて粗末な椅子をAに向かって投げつけ、その椅子がAの口に激しくぶち当たった。Aは物凄い形相で仁王立ちになって、着衣を脱ぎ捨ててから、折れた二本の前歯を吐き出した。これを見た会席者たちは、俄かに恐怖を覚えて我先に戸外へと逃げだした。Aは、不運だったのは、既に酔いが回っていたチェボチョック・チェルレ・アラップ・モリスィンだった。Aは、転んで逃げ遅れたモリスィンを捕まえると、屋外の柵の丸太を一本引き抜いた。そして、それで彼の頭を三度殴って即死させたのである。また、どうにか逃げ延びたアラップ・カプチェムルも足を折られており、翌日入院した。

Aは、すぐに逮捕され、裁判の結果、四年の懲役刑に処せられた。一九六九年、Aは釈放されたが、帰館して間もなく、また殺人を犯してしまった。釈放後三か月ほど経ったある日、Aはンダナイ交易センターにある(当時は合法だった)伝統的な地ビールの酒場で、酔ってキプシギス人の「行政警察官」(administrative policeman, *askari*)と諍いを起こした。Aは、怒りに任せて、警察官の体を幾度か壁に打ちつけて殺してしまった。逮捕されたAは、最初終身刑を宣告されたが、獄中から控訴した。その結果、減刑され、事件から十九年後の一九八八年に出所した。Aは投獄中に幾つもの刑務所を移り、その近隣の民族の言語を幾つか身に付けたばかりでなく、大工や建具の技術も習得した。彼は、出獄後、農牧業の傍ら、交易センターには店を構えずに自宅で作業し、格安の値段で自作の家具や建具を商った。

彼が減刑されたのは、実際には独身であったにも拘らず、家に残した子供たちが不憫だと訴えたからである。また、彼は殺意を否定し、行政警察官を一発の心ならぬパンチで偶々殴り殺す結果になったのだと証言した。Aが出獄した直後、ある日刊紙がこれを取り上げて、「一発必殺パンチの男」という見出しで大きな特集記事を組み、俄かに伝説化された彼の名前は、一時に全国に知れ渡った――Aとその兄弟たちは、今もこの記事の載った紙面を後生大事に保管している。Aは、一九八八年一二月に二十四歳の女性と結婚し、子供をもうけた。

2 《事例2》区長が犯した殺人

ケニアの行政単位は、二〇一〇年八月に新憲法が公布されるまでは、イギリス植民地時代の枠組みをおおむね踏襲していた。植民地政府は、ケニアを頭初 province、district、location の三層からなる入れ子構造に組織し、その各々の行政責任者として province commissioner、district commissioner、(administrative) chief を置き、前二者には英国人を、後者にはその土地出身のケニア人を任命した。その後、district の下位区分として division が創設された。また location の下位区分として sublocation があり、division の行政責任者には district officer、sublocation のそれは assistant chief である。location 以下と、division 以上の行政単位の責任者の任用法の間には、それでもなお植民地時代のあり方にいささかなりとも通じる原則的な差異が見られる。即ち、location と sublocation の行政責任者にはそれが行政単位として割り振られている当該民族集団の出身者が、一方、division 以上の単位には当該民族集団以外の出身者が任命されたのである。

今仮に、ただたんに翻訳上の便宜のために、province、district、division、location、sublocation をそれぞれ州、県、区、郡、亜郡と、また province commissioner、district commissioner、district officer、chief、assitant chief を州知事、県知事、区長、郡長、亜郡長と訳しておきたい。私の主たる調査地であるンダナイ郡（今日のンダナイ＝アボスィ・ワード）は、ボメット県（事件当時はケリチョ県、一九九二年に分離）のチェパルング区に属し、これから述べる事件が起きたとき、この区の区長役所はンダナイ郡役所に間借りしていた。以下の《事例２》は、その区長が犯した殺人事件である。

一九八七年八月の最初の日曜日に当たる二日の午後二時前、チェプレルウォに住むジョン・アラップ・ンゲティッチ（当時三十六歳）は、週末を過ごした自宅を離れて勤務地である遠方のナクル町に帰るべく、ソティック町方面に向かう友人のランガットと共に、乗合トラックを路傍で待っていた――これ以降の事件当日の状況は、おおむねランガットの叙述に依拠している。ンゲティッチは、ケニア最初の大学であるナイロビ国立大学出身のエリートで、ナクル町に所在する大企業であるケニア醸造所に勤め、人事部の要職に就いていた。彼は、週日は地元の小学校教員である妻ボーネス（二十八歳）と二人の子供たちをチェプレルウォの自宅に残し、百数十キロメートル隔たったナクルで働いていた。このような都鄙の住み分けは、彼特有のものではなく、ケニアのエリート・サラリーマンの生活パターンの一典型である。彼が道路脇で車を待っていたのは、ソティックの町からンダナイ交易センターを経てマサイ人の住むナロック県へと南下する街道の傍らであり、ンダナイ交易センターから数キロメートル北の地点だった。

ンゲティッチは、まずソティックの町まで出、そこで乗り換えてナクルに向かう予定だった。だが、この日から学校が一斉に長期休暇に入り、ソティック方面へ向かう乗合トラックはどれも学校の寮を離れて長駆帰省する学童たちで溢れ、止まって乗せてくれる気配さえもなかった。そこで二人は、目的地とは逆方向だが、いったんンダナイ交易センターへ向かうトラックを拾うほうが得策だと判断した。ンダナイ交易センターは、チェパルング区（当時）の中心地で、たくさんの小さな店が集まっており、郵便局や小さなガソリン・スタンドもある。ここではかなりたくさんの人々が乗り降りするし、乗合トラックはしばらく止まり、ある程度荷台の座席を人々で埋めてから出発するのが常だからである。二時半過ぎ、彼らは、幸か不幸か脇道からやってきた牛乳運搬用小型トラック（乗合トラックを兼ねる）の助手席に座ることができた——ケニアの田舎では、助手席に大概三人が座るのが通例である。助手席のクッションは、木の固い長椅子を二つ並べただけの荷台の座席とは雲泥の差だ。彼が乗った車は、間もなくンダナイ交易センターの入口に差しかかったが、そこでは客を降ろさないで、給油を受けるべく、そのまま唯一のガソリン・スタンド（当時）へ向かった。そのガソリン・スタンドに着く直前の右手やや奥にンダナイ郡役所があり、二人はその小さな交差点で降りることにしていた。

トラックがその地点で止まったその時、一人の人物が近づいてきて一言二言ンゲティィッチと言葉を交わした。これが、件のチェパルング区長Bであった。Bは、ンゲティィッチに、自分が誰だか知っているかと尋ねた。日頃余りンダナイ交易センターへ来ることのないンゲティィッチは、Bと面識がなかった。そのためか、彼は気分を害して、自分が誰だか知っているか、と鸚鵡返しに答えた。ンゲティィッチはキプシギスではごく稀なナイロビ大学の卒業者であるせいか、幾分気位の高い所があった。次の瞬間、Bは腰のピストルを抜いてンゲティィッチの鼻面を撃ち、弾は彼の頭蓋骨の向こう側（内側）で止まった。ンゲティィッチは運転席側へとくずおれ、人々は蜘蛛の子を散らすように逃げ出し、運転手もずり落ちるようにして運転席を離れた。人々は物陰に身を隠すと、一斉にキプシギス独特の甲高いウォー・クライングを始めた。ンダナイ郡役所と街道を挟んだ反対側にはローマン・カソリックの教会があり、日曜日の折から、その時同教会では教区集会が開かれていたが、教会からも人々が一斉に飛び出してきた。

叫び声が高くなると、区長Bは交易センターの方向へ歩き出した。それを見て取った牛乳運搬トラックの運転手が、運転席に飛び乗ってエンジンをかけ、ガソリン・スタンドからさらに一〇〇メートルばかり南にある診療所へと向かった。するとBは、同じ方向へ向かうべく駐車していた別の乗合トラックに駆け寄り、その運転手にピストルを突きつけて、ンゲティッチを診療所へと運ぶ車を追うように命じた。Bは、診療所でンゲティッチの即死を確認してから、再び先の乗合トラックの運転手に命じて、ソティック方面へ引き返して逃げようとした。

そこへ、騒ぎを聞きつけて、チェパルング区選出のキプシギス地方議会（Kipsigis County Council、当時）議員であるチェプケリット・アラップ・ミベイがやってきた。彼は、事の成り行きを知ると、すぐに自分のトラックでB区長の後を急追した。Bを乗せた古い小型トラックは、酷くデコボコの泥道をノロノロ進んでいたので、ミベイの車は一〇〇メートルも行かないうちに追いつき、先回りして行く手を塞いだ。Bは、ピストルを手にしたままトラックを降り、歯向かう者は出てこいと四方に向かって怒鳴った。そのうちに、隙をみて、乗合トラックの料金係がBの背後に回り込んではがい締めにした。酔っていたBの抵抗は弱かった。それを見て、別の男がすばやく駆け寄り、Bの手からピストルを奪い取る。すると人々が殺到して、Bを袋叩きにした。ンダナイ郡役所の行政警察官が駆けつけて救い出したときには、Bは既に虫の息だったと言う。

事件の三日後、八〇名ばかりの警察官がンダナイ交易センターを突如急襲し、手当たり次第に男性を殴って拘束し、約三〇〇名の者をケリチョ警察署に連行した。一行が県都ケリチョ（当時）に着いたとき、ンダナイ交易センターにほど近いモソニック近隣集団の住人であるアラップ・ベット（当時四十五歳）はかなり弱っており、ケリチョ県病院に収容されたが、そのまま帰らぬ人となった。不特定多数の群衆がBの加害者であり、しかもその多くが当日遠方の各地からンダナイ・カソリック教会を訪れていた者であったことが判明すると、取り調べが中止され、翌日全員が釈放された。

Bは、事件直後いったんンダナイ診療所に運ばれたが、間もなく、ソティックの一キロメートル余り北にあるカプロングの聖クレア病院に移送されて治療を受けた。その後、Bはさらにケリチョにあるケリチョ県病院に送られて集中治療室に収容され、ここで約一か月間治療を受ける。Bは、退院と共に殺人容疑で逮捕され、裁判を受けた。裁判長は、Bの行為を殺人ではなく故殺罪と見做して、七年の懲役刑を宣告した。投獄後二年目にBの妻はBの郷里エンブ県でマラリアに罹って死に、子供たちは身の周りの世話をしてくれる身寄りもないまま、極貧の中に放置されていた。その事情を伝え聞いたBは、獄中から控訴し、子供たちの窮状を訴えた。裁判所は、Bの体調が優れないことと子供たちの養育者がいないことを理由として、一九八九年一一月、Bを釈放した。その後しばらくして、キプシギスでは、Bが発狂したという噂が流れた。

四　《事例1》の分析——信頼される伝統的秩序

《事例1》と《事例2》を右のように概観しただけでも、キプシギスの人々のAとB、二人の殺人者に対する取り扱いには、著しい対照性が見られることに気づくはずである。《事例1》の犯人であるAに対する制裁はきわめて緩やかでのろく、《事例2》の犯人である区長Bに対する制裁はあくまでも激しく速やかである。まさに本章は、この点に焦点を当てて、これからの議論を展開していく。

1　血償を取り戻す無法

ここでまず、Aに対する制裁の緩やかさを示す傍証を挙げておきたい。キプシギスの「慣習法」は、今も生き続けており、殺人が起きると、殺人者の氏族は一定数の牛（と山羊・羊）を「血償」（*muget*, blood-wealth）として被害者の氏族に支払わなければならない。Aは、先に述べた通り、一九六九年、第一の殺人による罪を償って帰郷したが、その三か月後には再び殺人を犯して逮捕された。行政警官と諍いを起こして、彼を殺してしまったのである。だが、この三か月の間にAが犯した罪は、それだけには止まらない。Aはある人物を殴って怪我をさせたし、第一の殺人の結果として一九六四年に支払われていたチエボチョックの死に対する血償の一部を、力ずくで彼の遺族から取り戻してしまったのである。

伝統的な血償の額は、被害者が男性なら牛一〇頭、女性なら九頭（Peristiany 1939 : 194）——ただし、今日では五頭——が基準となるが、実際には交渉の余地がかなりある（Orchardson 1961 : 113)。殺人者の氏族の誰か、特に大概は直近の家族を代表する男性が、殺人事件が起きた後、出来るだけ速やかに「儀礼的謝罪」(*nyoetap kat*)を行わなければならない。つまり、慣行が規定する特定の品物をいち早く被害者の母屋の外にある祭壇(*mabwaita*)を構成する立木の枝に結びつけ、謝罪の意志表示をするのである。いったん「儀礼的謝罪」がなされると、被害者側は怒りを収めて加害者側を許さなければならない。もしそうでないと、今度は被害者側が社会から非難される側に回るのである(小馬 一九八四:六)。なお、伝統的には、殺人者はその後二年間は社会的・象徴的に隔離され、食事などに関する特別のタブーを課されたが、それ以上の制裁を受けることはなかった。

伝統的な「慣習法」の規定は、殺人で失われた氏族の命を殺人者の氏族が牛を支払って償い、二つの氏族の間の関係を元通りに修復することに主眼があった。殺された者の家族が、できるだけ速やかに血償として与えられた牛を婚資として用いて他氏族の女性を娶り、失われた生命を補完できることが、民族社会全体の重要な課題だったのである。ただし、血償として支払われる家畜が殺人者の氏族全体から集められることの裏返しとして、血償として受け取った家畜もまた被害者の氏族全体で分け合うのである。そして、殺された者の直接の家族は、後述する「槍を折る」と呼ばれる雌牛一頭を受け取るのが通例だ。

盗みなどでは、ミルク瓢箪とその内部を掃除する椰子の葉柄が、「儀礼的謝罪」の定式的な物品である。殺人事件の場合に限って、謝罪の深甚さを表すために、選りすぐりの雌牛がそのための品にされている。この目的で用いられる雌牛は、「槍を折る」(*iring'otit*)という特別の名称で呼ばれる。「槍を折る」という表現が象徴するのは、殺された者の属する氏族の怒りを鎮めることである。キプシギスの「慣習法」は、婚資(bridewealth)や血償の額を牛の頭数で規定しているが、その質はどのようにも規定していない。

したがって、大概は西洋種やそれと在来種の混血の牛ではなく、体躯が小さくて乳の産出（雌牛）や労役（虚勢牛）の能力が落ち、価格も低い在来の瘤牛で支払われる（小馬　一九八五：三〇）。ただし、「槍を折る」雌牛に限っては手持ちの最上の雌牛を充てるのが慣行となっている。血償の支払いは、殺人者の氏族の集合的な責任であり、原則として、殺人者が属する支氏族の世帯主は牛一頭、殺人者が属さない支氏族の世帯主は山羊または羊を一頭拠出し、その内訳はノート、いわば「殺人帳」ともいうべき氏族伝来のノートに記録しておく。集められた山羊と羊は速やかに牛と交換して、必要な頭数の牛を揃えるのである。

ところで、ある世帯が飼っている牛は、外面的に見れば皆同じ牛でしかない。だが、社会的には、父親から相続した「家の牛」（*tugap ga*）、嫁いだ娘に対する婚資として得た「婚資の牛」（*tugap koito*）、働いて買ったか他民族から略奪した「手に入れた牛」（*tugap kibar*）、友人から預託された牛（*kimanakai*）に分類され、交換や消費などその扱いには、これらの範疇に応じて様々な規制がある（小馬　一九八五：二八—三〇）。それゆえ、一つの世帯が現実に血償として供出できる牛の数は限定されるし、一つの世帯で血償を全て支払ってしまうと暮らしが大きく脅かされることになる。だから、（理念的には）氏族全体が血償の支払いに責任をもつのである。

ただし、「槍を折る」雌牛は、殺人者の世帯から出すのが通例である。Aは、彼の家族が「槍を折る」雌牛を拠出していたことを確認して、その「槍を折る」雌牛を被害者の老母タマルタ（カムゲノ近隣集団在住）から取り戻したのだった。タマルタは、言うまでもなく、伝統的な近隣裁判に訴えて「槍を折る」雌牛をAから取り返したいと思ったと語った。近隣裁判が実際に行われさえすれば、彼女が件の牛を取り戻せるのは明らかだった。だが、彼女にはAに対する恐れがまだあり、またカムゲノ近隣集団も、Aが属するチェプレルウォ亜郡の近隣集団もAを酷く恐れていた。こうしてタマルタがしばし逡巡するうちに、Aが第二の殺人事件を犯して投獄され、彼女の企図は実現の機会を逸してしまったのだ。

2 「内殺人」と「外殺人」

ただし、Aが全く暴力的に「槍を折る」雌牛を奪い去ったとは言えないだろう。随分手前勝手ではあるにしろ、AにはAなりの論理があった。Aによれば、彼が殺したタマルタの息子チェボチョック・チェルレ・アラップ・モリスィンはキプシギス人ではなく、カレンジン人ですらないグシイ人であり[3]、したがって、たとえ殺したからといって血償を支払う必要はない、というのである。キプシギスには、日本語の「殺す」や英語の kill に相当する一般的な語が *rum* と *bar* の二つある。伝統的な用法に従うと、*rum* はキプシギス人がキプシギス人（またはキプシギス以外のカレンジン人）を殺すことを、一方 *bar* はキプシギス人がキプシギス人（またはカレンジン人）以外の人間、あるいは動物を殺すことを意味する動詞である。キプシギス人（またはカレンジン人）以外の人間がキプシギス人（またはカレンジン人）、あるいはそれ以外の人間を殺すのも *bar* で表される。血償の支払いが義務づけられているのは、*rum* という容態で殺された場合に限られている。つまり、Aは、自分が犯した殺人は *rumisiet*（内殺人）ではなく *barisiet*（外殺人・屠殺）であるから[4]（Peristiany 1939 : 193, Orchardson 1961 : 113）、自分は *rumindet*（内殺人者）ではなく、したがって法的にも血償を支払う義務が生じないと主張したのである。

犠牲者のチェルレという名は、キプシギス（ならびにカレンジン）ではない民族から養取されて帰化した者に与えられる、定式化した名前である。タマルタは、夫アラップ・モルの初妻が没してしばらくした後に二番目の妻として迎えられ、モルとの間に十一人の子供を得た。だが、そのうちの八人が夭逝し、生き延びたのは長子タプロップゴ、第六子キクワイ、末子チェモソの三人だけで、そのいずれもが娘だった。彼女は、ついに無事成人した息子を得られなかった。即ち、キプシギス流にいえば「火（*mat*）」がなかったのである（小馬　一九八七：三七―四〇、Komma 1981：113-116）。

晩年のモルは、イソゲ（現在はグシイ人が住むニャミラ県に属する）の白人入植農園で、「土地占拠民」（squatter）労働者として働いていた。それは、英国植民地政府がキプシギスとグシイの間の「緩衝地帯」という名目で設けた白人入植地帯で経営されていた農園の一つであった。当時、タプロップゴとキクワイは既に嫁いでおり、チェモソは十四、五歳だった。チェモソは、他のキプシギスの少女たちと共に農園の草取りをする毎日を送っていたが、彼女たちはその農園で働いていたグシイ人の少年とやがて言葉を交わすようになった。この少年は、自分の両親は既にこの世になく、弟と妹も亡くなったと告げ、窮状を訴えた。やがて、チェモソはこの少年を昼食に家へ連れ帰るようになり、兄弟のように親しくなった。家に兄弟がいないチェモソは、自分の家で暮らすようにと、この少年に勧めた。少年は同意したが、キプシギス人と一緒に暮らしていることが知れるとグシイ人が自分に邪術（sorcery）をかけると恐れ、グシイ人のいない所へ連れていってほしいと懇願した。

モルとタマルタは、二人の気持ちを汲んで、密かに農園を離れてカムゲノ近隣集団に向かい、「慣習法」に則ってグシイ人少年の養取儀礼を執行した。カムゲノには、かつてタマルタ自身の家（「妻単位の家」、*kop-chi*）があり、当時も土地を確保していたのである。こうして、この少年はキプシギス人となり、チェルレ（捕らえられた者）という帰化人のための定式的な名前と、タマルタの夫モルに因む父称アラップ・

モリスィンを与えられた。なお、チェボチョックは後に得た渾名である。タマルタは、そのままカムゲノに残って子供たちと暮らしたが、モルはイソゲに帰って、既に娶っていた第三の妻チェボンゲットゥニと一緒に暮らした。帰化したチェボチョックは、一九五八年にタプサベイを妻に迎えた。ほどなくチェモソが隣の近隣集団であるカガースィックのアラップ・ムゲに嫁ぐ。一九六三年末のケニア独立の日程が近付いてくることを懸念したモルの白人農園主は、一九五〇年代の末に英国へ引き上げる準備を始め、従業員を全員追い払った。こうして、モルは第三の妻とその子供たちと共にカムゲノに帰ってきたが、一九五九年末に没した。チェボチョックは、一九六四年に先述の通りの不慮の死を遂げるまで家族と仲むつまじく暮らし、一男一女をもうけていた。彼は、年老いたタマルタに優しく、隣人との折り合いも良かった。

さて、右に詳らかにしたチェボチョックの個人史を見てもわかる通り、彼は「慣習法」が規定する正式の養取儀礼によって養取された、れっきとした帰化人である。帰化人は男性に限られるが、一世はチェルレという個人名を、また二世の男性はアラップ・チェルレ（「捕らえられた者」の息子）という父称を自動的に与えられる。これらの定式的な名前は、彼らに対する集合的な監視を意図する一種のスティグマではあるものの、それ以上の差別は全くなかったのである。それゆえ、チェボチョックはキプシギス人ではなくグシイ人であるから、自分は「内殺人者」にもならず、したがって血償を支払う必要もないという、Aの主張が、「慣習法」に照らして、やはり無法なものであることは明らかである。

3　全ての犯罪は申告罪

さて、タマルタには、一九八八年に再度Aが出獄して帰郷した後にも、「槍を折る」雌牛をAから取り返すべく近隣裁判の開催を要求する道があった。だが、実際には近隣裁判は開かれなかった。タマルタが、結局開催を要請しなかったからである。キプシギスの「慣習法」の原則として、大概の場合、被害者が要請しない限り近隣裁判は開かれないのだ。彼女には、人々がAを恐れてこの件に触れたがらない雰囲気が、手に取るようにわかっていた。

ところで、チェボチョックの死後しばらく経って、モルの三番目の妻の二番目の息子が故チェボチョックの妻タプサベイのキプコンディット（*kipkondit*）に任じられた。このキプコンディットとは、同氏族員の特定の寡婦の保護者となり、同居はしないものの彼女に経済的・性的な援助を与える既婚の男性のことである（小馬　一九八七：三七—四〇、Komma 1981：113-116）。通例、故人に近い親族、中でもこの例のように母親を異にする年少の兄弟がその役割に任じられる。そして、キプコンディットと寡婦との間に生まれた子供は、全て亡夫の法的な子供となる。タプサベイは、キプコンディットとの間に、四男一女をもうけた。

一九七三年、タマルタは、身の周りの世話をしてくれる孫娘一人を伴って、キプシギスの土地の南に接し、マサイ人の放牧地が広がっているナロック県の南部に移住した。そこには既にかなりの数のキプシギス人が非合法に住み込んでいたが、やがてマサイ人の訴えでケニア政府は彼らを追放した。こうして、タマルタは、一九八〇年代末に再びカムゲノに帰ってきたが、タプサベイとその子供たちとの折り合いは、既に以前のようにはうまくつかなくなっていた。彼女は、数エーカーの土地のうちの一エーカーを自分専用に分け与えてもらい、穀物と野菜と牛乳を自給して暮らしたいと望んだ。老女のこのようなライフ・スタイルは、ボメット県では標準的なものになりつつあるものだった。だが、タプサベイはそれを快く許さず、タマルタは日頃何かと不自由を感じていたのである。

タマルタには、Aが不法に持ち去った「槍を折る」雌牛とそれが生んだ全ての子孫の返還を要求する権利があった。そして、この権利の行使は、訴え出さえすれば必ず聞き届けられなければならないものであった。だが、それにも拘らず、彼女はあえて近隣裁判に訴えなかった。彼女は、自分の権利が正当なものであるにも拘らず、近隣裁判に訴えれば、この件の解決それ自体を超えた、何かより大きな破綻が遠からずもたらされることを予感していたのである——つまり、キプシギスの平和な日常をなんとか支えている「慣習法」の決定的な綻びの隠れなき露呈を。

タマルタは、ニョンギ年齢組のコスィゴ副組が開設されたときに、この副組のチェプトロンギィヨット(*cheptolongiyot*)を務めたことを覚えている。これは、新たな年齢組が開かれたときに新参者《ノヴィス》となる若者たちの残飯を朝夕食べる幼い娘のことである。ニョンギ副組が一九〇六年に開設されたことは、文献資料から明らかである(Barton 1923 : 60, Dobbs 1821 : 56-57)。したがって、タマルタは一九〇〇年頃に生まれたと推定できる。そのような老齢の彼女が実際に国家の裁判所に訴え出ることができるかどうかは疑問だが、論理的には、その可能性も一応考えられる。「慣習法」による村の裁判が氏族間や家族間の紛争として物事を捉えるのに対して、英国法に基づく国家の裁判は個人間の紛争として捉える。するとタマルタの正当性は一層明快で、動かない。しかしながら、各民族の伝統的な裁判制度を近代西欧法に基づく国家の裁判制度に巧みに連接したケニアの二重法制下では、現実には、キプシギスの近隣裁判は民事に関しては予審の機能を担っている(小馬　一九九四 : 一三九—一四一)。万一、タマルタが地方の裁判所に直接訴えて出ても、まず「慣習法」に基づいて運営されている近隣裁判に訴え出るように指示されることは確実だ。また、提訴に気づけば、Aが暴力を振るう可能性も決して低くない。

もう一つ、「呪詛」（*chubisiet*, curse）による報復、ないしは制裁の道が考えられる。キプシギスの呪詛とは、年齢と共に高まる男性の神秘的な制裁の力だが、また呪詛の力は正当な立場にある者が不当な扱いを受けた場合にも生起すると信じられている。キプシギス社会の伝統的な秩序は、呪詛の観念への強固な信仰によって維持されてきた側面が強い（小馬　一九八四：六八）。だが、女性には基本的に呪詛の力がなく、例外的にその力を得るのは、死の床での子供たちへの遺言が違えられたときに自動的に発動される場合のみだと考えられている。[5] つまり、タマルタにはAから「槍を折る」雌牛を取り戻す道は実質上ほぼ閉ざされており、またAに報復する術も残されていなかったといえるのである。タマルタは、当時、絶望的な気分で生きていたと述べている。それが、数年後に彼女に別の災難が降りかかったときに、小さいながらも劇的な事件を生み出すのだが、これは所を変えて、後ほど改めて論じたい——第五節第2項参照。

4　キプシギスの罪と罰

確かに、カムゲノ近隣集団の人々は進んでタマルタの権利を擁護しようとも、彼女の窮状を救おうともしなかった。タマルタが感じ取っていたように、彼女自身がそうであるのと同様、カムゲノ近隣集団の個々人はAを深く恐れていたに違いない。

Aに対する人々の底深い恐れを物語る、幾つかのエピソードがある。Aが住んでいたのは、かつての白人入植地で、独立と共にケニア国家が買い戻し、長期ローンを与えてキプシギス人を再入植させた土地（通称スキーム）の一区画（約四〇エーカー）である。最初、政府はその一区画をAに与え、土地権利書にも彼の名が記載されていた。だが、Aが投獄されてローンの返済が長く滞ったので、政府はその区画をCの土地として登録し直した。だが、それにも拘らずAは、二度目の殺人の罪を償って帰郷すると元の土地（つまりCの土地）の一画に無断で住みついた。そして、そこが自分の土地であると主張するだけでなく、常々Cを殺してやると公言して憚らなかった——もっとも、「殺してやる」は彼の昔からの口癖なのだが。CはAを恐れて、いつも短刀を携行していると噂されていた。人々によれば、Aは行政警官を少しも恐れないが、かつて一人の同僚を殺された行政警官は逆にAを恐れているので、Cが自衛するしかないのだ。

Aは、一九八九年からしばらくの間、ンダナイ交易センター外縁部の空き地で、古着を商っていた。しかし、一九九三年一二月から翌年五月にかけて干魃が酷く、人々は食うにも事欠く有り様だったので客は少なく、Aはこの干魃の初期に古着商をいったん止めた。彼は、やがてツケで古着を売るという新しい商法を始めて、仕事は順調だった。だが、客が一回でもツケが払えないと、古着を奪い取って引き裂いた。そして、一九九〇年のこと、ンダナイに青空マーケットが立った或る金曜日、その場にいた人々が一斉に一人残らず走って四方八方へ逃げ出すという騒動があった。モティィレット近隣集団のある女性がAの古着をくすね、それに気づいたAが彼女を追って走り出した。そして、そのAの血相を見た人々が恐れをなして、パニックを起こしたのだった。この出来事からも、人々の目にAがいかに恐ろしい輩に映っていたかが窺えるだろう。

Aは、他にも幾つもの罪（*tengekto*, sin）や不義・不敬（*ng'ogisto*）を犯していると言われている。例えば、彼にはカムゲノ近隣集団に住む父系いとこ（父の兄の一人息子）Dがいたが、つい四、五年前に亡くなっていた。Kには二人の妻がいて、二番目の妻Eの子供（一男一女）はまだ幼なかったので、Eにはキプコンディット（経済的・性的後見人）が必要になった。Aが自ら進んでこの任に当たることにした。AとEの間に子供が生まれても、その子はDの法的な子供であるから、その子がAがもたらした*tengekto*や*ng'ogisto*という危険な「力」に害されることはない、というのが大方の意見である。だが、法を犯した殺人者がキプコンディットに立つのは明らかに「慣習法」に反しており、人々は自分たちがそれを黙認している事実に後ろめたさと一抹の不安を感じていた。

植民地化以前であれば、度重ねて罪を犯す者や近隣裁判の決定に従わない者は、「生まれざる者」（*mosigisiyot*）と呼ぶ両端を尖らせた細く短い木の棒を人々から一斉に投げつけられて、死刑に処せられた。植民地政府がこうした制裁を堅く禁じたので、近隣集団の長老たちによる集合的な呪詛がそれに取って代わる制裁手段となり、また、その機能が強化された。一つ（または複数）の近隣集団の長老階梯の者全員が集まって素裸になり、定式的な呪詛の言葉を唱和しつつ、それぞれが細く短い枯れ枝を折って背後に投げ捨てる。こうすると呪詛が必ず犯人を捕らえる、と信じられている。最初期の行政首長の多くが短命だったのは、彼らがキプシギスに過酷だったので内通者と見られ、集合的な呪詛を受けたためだと説明される。そして、今もなお、この呪詛信仰は強く生きて働いている（小馬　一九八四：六）。それにも拘らず、《事例1》では、人々はAを集合的に呪詛しようとは考えていない。Aが呪詛集会の参加者に破壊的な暴力を振って危めるという、より現実的な懸念を、きわめて強くもっていたからである。

5　キプシギスの伝統的な法の観念

しかしながら、人々は、その結果として彼らの法体系に綻びが生じているとか、無法状態に陥っているという風には、決して考えていなかった。彼らは、Aの罪が彼をやがて確実に捕らえると信じていたのである。この場合、Aの罪の源は、何よりもまず、Aがタマルタの「槍を折る」雌牛を不法に奪い返したことにある。だが、その他にも彼は幾つもの罪や不義・不敬を犯しているので、必ずや誰かに呪詛されているに違いない。仮に、Aに知れることを恐れて誰も呪詛していないとしても、罪や不義・不敬を犯すことは「自身を呪う」（*chup-ge*）ことであると言う。つまり、キプシギスには自動呪詛（auto-curse）の観念が存在するのである。集合的な呪詛は、その効果を高めるためのものであって、必ずしも必要不可欠の手続きではない。だから、早晩Aには呪詛の効果が現れ始める、と人々は言うのである。

初期の入植者としてキプシギスの土地に長く住み、人々と深く交流した英国人オーチャードソンも、キプシギスの法について次のように述べた。キプシギス語には、「法、慣行、性質（自然）を意味する *pitet* という一語があるだけだ。（中略）人々にとってキプシギスの法は自然の法のようなものである。それは、人々の必要に応じて徐々に発展してきたのであって、誰か部族の権威者によって法典に制定されたものではない。誰であろうと、こうした法の一つを破った者、あるいは何か不自然なことをした者は、*sogor-ge*（引用者注：自らを冒涜する者、の意）と呼ばれる。（中略）キプシギス人が何か不自然なことをすれば、*chup-ge* と、つまり自分自身を呪詛したと言われる。この自然で自動的な呪詛は、ある場合に、特に邪術が使われていた場合には、*kokwet*（引用者注：近隣組織）の寄り合いの場で一人の長老が音頭を取って行われる公的な呪詛によって強化されるのである」（Orchardson 1961：18-19）。

一九七〇年代後半にキプシギスでフィールドワークを実施した法人類学者であるソールトマンは、オーチャードソンの右の見解を引用している。そしてソールトマンは、中央集権的な権威がなく、均衡に意を用いるキプシギスの社会構造と調和的なキプシギスの法のあり方を、オーチャードソンの示した原則がよく言い当てており、しかもソールトマンの調査当時の状況にもよく妥当すると見る（Saltman 1977：40）。そしてソールトマンは、それを例証する目的で、具体的な事例を挙げて次のように述べた（Saltman 1977：41-42）。

キプレルジにほど近い土地のある区画は、伝統として、キプレルジの人々の誰もが放牧に使っていた。この土地の土壌には塩分がたっぷり含まれており、牛には何よりの恩恵となった。元首長でキプレルジに住んでいたアラップ・テムゲがこの土地の権利を主張し、自分専用にしようと柵で囲い込んだ。自分が二十五年前この土地に黒アカシアの木を植えたから、それらの木とそれらが生えているこの土地の用益権は自分が持っている、というのが彼の主張の根拠だった。キプレルジの人々は柵を無視して自分たちの牛群を連れてきて放牧し、塩土を使い続けた。これに対して、アラップ・テムゲの息子であるジョシュアは、やってきた牛の足を傷付けるために、この土地一面に刺の木の枝を撒き散らした。たくさんの人々が苦情を言ったので、ジョシュアが近隣集団（*kokwet*）の寄り合いに呼び出され、彼がやったことを説明するように求められた。だが、ジョシュアは出席を拒んだ。ジョシュアが欠席したので、寄り合いは当事者の意見を聞けなかった。この寄り合いでは公的な呪詛はなされなかったものの、幾人もの長老が個人としてジョシュアを呪詛しているのだと、人々は告げられた。数か月後、ジョシュアが事故にあって命を落とした。

ここに挙げた事例の説明は、三人の主要なインフォマントによる逐語的な説明の要約である。彼らの説明は、どれも*pitet*、*sogorge*、*chupge*という概念かそれらから派生した事柄を含んでおり、その各々は、公の放牧地の地位、ジョシュアが刺の木の枝を撒き散らした行為、そしてジョシュアの突然死の究極の原因について触れているのだ。

ソールトマンは、それも実際になされたかどうかはわからないのだが、個人的な呪詛以外にいかなる対抗措置もとられなかったことに特に注意している。ジョシュアの死は、密かな満足をもって人々に静かに受けとめられた。しかし、この事件を契機として特定の規則が作られることもなく、まるで何事もなかったかのような印象が残ったという（Saltman 1977：41-42）。

ンダナイ周辺の人々がAに対してとった態度もまた、キプシギスの法に関するソールトマンの説明（Saltman 1977：41-42）によく合致すると思われる。ただし、Aに即座に不幸が見舞う兆しがないことを、以下のような観点から捉えて納得している人々もいることに注意を促しておこう。既に、牛が血償や婚資に使われると説明した通り、牛は今も（お金と並んで）キプシギスの諸々の社会的交換の最も重要な媒体であり続けている（小馬　一九八三：三五）が、どのような形態であれ、伝統的にキプシギスの最も重要な財であり、またほとんど唯一蓄積可能な財であった牛の交換に纏わる不正は、必ず不正者に深刻な累を及ぼすのだ。人々は、これを「牛が人を食う」（“*Ame tuga chito.*”）と表現している。しかも、「牛が人を食う」ことの累は直接不正者本人に発現するのではなく、むしろ「遠く」、つまり不正者の子供から、さらに「遠い」場合には彼（彼女）の兄弟の子供から発現し、やがて徐々に本人へと伝い寄ってくるのだと考えられているのである。Aの妻には一人の連れ子の娘（当時十一歳）があったが、この子はAの実子でないので、彼が作り出した罪や不義・不敬の力に捉えられることはない。Aと妻の間の実子としては、八歳の男の子が最年長であり、まだこれから幾人かの子供が生まれるだろう。したがって、「牛が人を食う」ことの結果が発現するのは、かなり先のことになる。だが、「牛が人を食う」という累は決して免れない、と。

以上に見た呪詛の観念から本件を納得している人々も、もしこれからのかなり長い年月の間A本人にその効果を見出せない場合には、「牛が人を食う」観念から現象解釈を試みて、結果が発現する期待を先送りにして、納得を得ようとするようになるだろう。先にタマルタが生涯に十一人の子供を産みながら、そのうち無事成人したのは三人の娘だけだったと述べた。このように、かつては乳幼児の死亡率がきわめて高く、疫病の脅威も遥かに大きくて切実なものだった。しかも飢饉が短い周期で波状的に訪れたし、また民族間の略奪や戦争も日常生活の一部分であった。植民地化は、無論、一方では実に大きな弊害をもたらしたが、反面では部族間の戦争を封じ、家畜の略奪を徐々に抑え、メイズや混血牛を導入して飢饉を大幅に緩和してくれもしたのである。植民地化後のこのような変化の進行過程でも、「罪」や「不義・不敬」という負の「力」の観念に基づく呪詛や「牛が人を食う」ことへの信仰は、実際の事例を検討してみると、かなり大きな説得力をもち得たと言っていい。

では、現今、それらの観念はまだどれだけ有効だろうか。確かに、急激な人口増加と土地不足という今進行中の状況の中で、キプシギスの人々の暮らしは決して楽ではない。医療と福祉の貧困は目を覆うばかりであり、人々は諸々の病に日々悩まされている。教育の普及は確かに目ざましいものの、それに伴う大量の落第生の創出は、社会が年端も行かない時期に既に彼らに「落伍者」の烙印を押すことでもある。その現実は、往々「ケニアの不幸」とも呼ばれ、大きな社会問題を生んできた。また、教育機会とは対照的に容易に拡大しない雇用機会は、若者世代を中心に底深い不満の念を鬱積させ、特に都市部でのモラルの著しい低下を招いている。したがって、Aの子供たちがこれから成長する間には、なるほど様々な「不幸」が彼らを見舞う可能性があり、その個々の現象を呪詛や「牛が人を食う」ことの帰結であると解釈することも、ある程度は可能であるかも知れない。しかしながら、その有効性はどうしても大きく偶然に左右されることになるだろう。

これからは、そうした現象解釈が十分な説得力をもち得るとは限るまい。Aの「槍を折る」雌牛横領をめぐる事態の推移は、少なくとも、タマルタにとっては容易に腑に落ちない理不尽な経験であった。

五　《事例2》の分析——民族の法と国家の法

1　国家法への密かな不信

《事例1》では、人々のAへの対応がいかにも鷹揚だ。呪詛や「牛が人を食う」ことの結果が表れるのを確信しつつ心静かに待っている態度が際立っており、それにはキプシギスの伝統的な「法」の観念が大きく関わっていることを指摘した。(6) ところが、《事例2》では、キプシギスの人々のBへの対応はきわめて迅速で、しかも激しかった。Bは、区長として行政警察を動員できる大きな権力をもっていただけでなく、手にはピストルを握っていた。乱暴者のAがどんなに酷く恐れられていたからといっても、この時のBに対する恐怖の念には、遥かに遠く及ぶまい。では人々は、事件直後、同じ殺人者であっても、どうしてAは少しも攻撃ぜず、Bを即刻攻撃したのだろうか。実は、こうした対応の差異を導いた原因もまた、キプシギスの人々の伝統的な「法」意識のあり方にあったと考えられるのである。

《事例2》は、殺人に銃器が用いられた点でも、また殺人者が一つの区の行政責任者であった点でも、キプシギスではごく例外的な事件である。それゆえ、おそらく人々も予想できなかった、全く思いがけない展開を呼んだのだ。では、その最も重要な要因は何だったのか。他に例を見ないピストルの使用も衝撃的だし、白昼、しかも人々が集まる交易センターで事件が起きたことは、確かに人々を興奮させた要因に違いない。実際、心が「熱い」状態で報復が始まると人々は言う。できるだけ速やかに「槍を折る」雌牛を被害者の家の祭壇に繋いで「儀礼的謝罪」をするのは、人々の熱くなっている心を速かに冷まし、殺人に対する報復を封じ込めるためだ。ところが、《事例1》では、二つの殺人事件のいずれでもAに報復する暇が十分にあったにも拘らず、人々は少しも報復しようとはしなかった。また、殺人事件に限らず、ある人物の生命や名誉を守るべく係争に関わるのは彼の氏族だけであり、キプシギス民族全体ではない。だが、《事例2》では居合わせた人々がウォー・クライをこぞって挙げ、報復にも積極的に参加している。

即ち、Bへの報復を導いた最大の要因は、彼がキプシギス人でも他のカレンジン人でもなく、遠くケニア山麓に住むバントゥ語系のエンブ人だったことだ。言い換えれば、Bによるンゲティッチの殺害は *barisiet*（外殺人）であって *rumisiet*（内殺人）ではなく、したがって「儀礼的謝罪」にも血償にも関わりがないという判断があったと思う。仮に国家法の規定がどうであれ、他民族の者に殺された場合、被害者側は実際にはまず補償を得られないことを人々はよく知っている。現に《事例2》でもそうなった。そこには、キプシギスの人々の国家法に対する密かだが底深い不信が窺われ、ケニアの二重法制に走る国家と民族の間の亀裂が透けて見えている。

Bの妻は彼の投獄中に死に、また彼らの子供は路頭に打ち捨てられ、B自身は発狂したと言われている。しかし、キプシギスの人々がこれを語る様子は、ソールトマンが報告したジョシュアの事例の場合とは大きく異なっている。一連の不幸は、Bが「罪」（*tengekto*）を犯して「本性にもとる状態」（*sogor-ge*）に陥って「自分自身を呪詛した」（*chup-ge*）結果だとは、決して語られていない。人々の語り口は、きわめて即物的である。つまり、Bは発狂して殺人を犯し、[7] 家族の悲惨はその後の悪循環の結果だと言うのである。

呪詛は、キプシギスの「法」が及ぶ範囲、即ちキプシギス（および他のカレンジン諸民族）に対してのみ効果があり、「罪」と「不義・不敬」（*ng'ogisto*）もまた同様であると言われる。だから、どうしても子供が出来ない男性は、しばしばグシイ人の女性を新たに娶る。自分自身か、あるいは系譜的に近い同氏族員、あるいは共通の祖先の「罪」か「不義・不敬」が累を及ぼし、その結果、自分が不捻になっているのだと推定してのことである。また、キプシギスの多くの男性が、女性は夫以外の男との間に必ず一人は子供をもうけるものだと信じている。それは、夫が万一「罪」か「不義・不敬」の結果生じる忌まわしい力の影響下にあればやがて子供たちが死に絶えることになるので、それを避ける（慣用語法では、「火」を絶やさない）ための「女性の知恵」（*kimosugit*）（小馬　一九九六）だと言うのだ。

2　タマルタの「錯乱」

西欧近代法としてのケニア国家法とキプシギスの「慣習法」には、本質において大きな隔たりがある。キプシギスでは、まだ近隣裁判がかなり上手く機能している（小馬　一九九四）。そして、民事に関しては、既にその判決を得ていることが裁判所への上訴の必須条件となっている。この限りでは、キプシギスの二重法制もまた首尾良く働いていると見えよう。だが、《事例1》におけるタマルタの窮状を見れば、強く共同体的な生活が植民地化以来大きく変化してしまった今日、キプシギスの二重法制が益々大きな矛盾を孕んでいることは明白である。

その後しばらくして、タマルタが、キプシギスの「慣習法」の根幹を揺るがしかねない大騒動を起こした。この事件の詳しい経緯は既に他の所（小馬　一九九四）に書いたので、ここではごくおおざっぱに紹介するに留めたい。一九九三年三月、隣に棲むラエラの牛が数頭、境界の生け垣を破ってタマルタのトウモロコシ畑に押し入り、実りかけていたトウモロコシを食い荒らした。この月の初めにもほぼ同じことがあり、カムゲノの近隣裁判はラエラに生け垣の補修と二〇〇シリングの弁済を命じていた。[8] 実行が伴わないことに業を煮やし、近隣裁判に不信を募らせたタマルタは、今回はンダナイ郡役所内にある農業事務所の農務官に窮状を訴え出た。九十歳を超えた老女が、国家の裁判制度の何たるかを知る由もなかった。彼女には、役人は全て「お上」であり、トウモロコシに関する案件は顔見知りの農務官に申し出るのが良いと思えたのである。他民族出身の農務官は彼女に同情し、一週間以内に一五〇〇シリングを支払うようにラエラに命じた。カムゲノ近隣集団に限らず、政府の出先行政機関が近隣集団内部の民事事件に直接介入したのは、前代未聞の事態だった。カムゲノの長老たちは即座に大挙して農業事務所に押しかけ、今回の措置は長年の間に定着した国家法とキプシギス「慣習法」の併用規範に反するものだと厳に抗議し、かろうじて農務官の措置を撤回させた。これは、近隣裁判に限らず、何事にもたっぷり時間がかかるキプシギスの流儀[9]に反する、実にすばやく強硬な行動であった。さらに、時を置かずに近隣裁判が招集され、生け垣の補修と一〇〇〇シリングの弁済がラエラに命じられた。彼は、今度はすぐにそれを実行に移した。

実は、タマルタは、それ以前からカムゲノの近隣裁判の運営に強い不信を抱いていたと思われる。先に第四節第3項で触れた通り、一九八〇年代末にカムゲノに帰ってきたタマルタは、チェボチョックの妻とその家族から疎まれて困窮していた。他の老女のように、一エーカーの土地を自分専用にして自立的に生きたいと願っていたのに家族に拒まれた彼女だが、この問題をカムゲノの近隣裁判には持ち出さなかった。それに代って、一九九三年一月、彼女は夫である故モルが属したキボロレック氏族の長老たちに訴えて氏族会議を開いて貰い、自分の要求をチェボチョックの妻とその家族にようやく認めさせたのだった。

3　殺人事件と各民族の社会構造

筆者は、ある論文で、「タマルタの錯乱」事件を引きながら、次のように述べた。「この事件は、キプシギスの慣習法から疎外されてきた女性が『国民』として中央政府に訴え出るだけで、慣習法による民族の秩序が即座に大きく動揺し、国民と国家との間に横たわっている隠れた緊張関係があからさまになる微妙な現実を私に見せつけてくれた」（小馬　一九九五：四八）。「タマルタ婆さんの癇癪が教えてくれた通り、村（近隣集団）の中のほんの瑣末な出来事が、一気に民族と国家の問題に深く絡んでくるのだ」（小馬　一九九五：四九）、と。

だが、この見方は正しくなかったと思う。むしろ、こうした事情はかなりキプシギスに固有のものだと考えるべきなのだ。中林伸浩は、西南ケニアのバントゥ語系民族であるルイアの一支民族イスハでは、今日、行政首長制、警察機構、裁判制度の連携は、日常生活の次元では恙なく機能しているものの、殺人という最も重大な社会秩序の侵犯事件に関しては齟齬が目につくと述べている（中林　一九九一：六九—

九九)。刑事事件は、他民族の場合と同様に、最初から裁判所で裁かれるが、証拠を集めることが容易ではなく、容疑者は多くの場合証拠不十分で無罪放免される。その結果、リネージ間の復讐殺人が頻発し、イスハの社会秩序を大きく揺さぶることになる。そこで、殺人事件が起きると行政首長の出番が来る。彼は心得たもので、まず殺人者の致命的な「血の穢れ」を除いてやった呪術師を割り出して、殺人者の名前を白状させる。そして、自分が司る裁判集会(*baraza*)を招集して、殺人者のリネージを厳しく論難し、そのうえで伝統的な慣行に則って血償を支払わせてリネージ間の融和を図るのである。

ここには、イスハに固有の国家法と慣習法の間の亀裂が窺える。それは、イスハの社会構造を映し出してもいる。植民地化される以前のイスハは、イスハという土地に住む種々雑多な移住者群の子孫で、イスハであると同時に他の何者かでもあるという、多重化されたアイデンティティをもっていた。イスハの氏族同士は、他のルイア集団の氏族に対するのと全く同様に、領土などを巡って相互に激しく抗争を続けてきた。しかし植民地政府は、言語や文化を目安として、イスハをバントゥ語系の隣人たちと一緒にルイアという「部族」(tribe)に纏め、固有の行政区画として県を割り当て、その一支族と見做されたイスハにも独自の郡を与えた。その結果、一方ではそれまで互いに強く抗争してきたイスハの氏族同士の壁が取り除かれると共に、他方では他のルイアの民族集団との間の自他の区別意識が急に鮮やかになって浮上してきたのである。そして、イスハは氏族間の勢力の均衡を幾層もの行政首長職の配分に反映することを通じて、行政首長制を根づかせた。これは、諸氏族・リネージの政治的な自立性と相互間の平等性という伝統的価値を変化させる過程ではあったが、それと同時に、イスハ人自身が自分たちに相応しい行政首長制を内発的に創造する過程でも確かにあったのだ(中林　一九九一:六七)。

一方、キプシギスは、イスハとは全く異なる仕方で行政首長制を内化した。キプシギスの政治構造の核は、全土を単一の枠組みとして形成される年齢組体系（ageset system）にあった。諸氏族は集住せずに拡散して入り交じり、様々な氏族成員からなる近隣集団が基本的な社会単位となっていた。近隣集団とキプシギスの全体社会（民族）との間には、どのような地域的中間団体も存在せず、両者を繋ぐのは、個人の資格によって選ばれる「助言的裁判官」（*kiruogindet*）ないしは「調停者」（peace-maker）と呼べる役割を担う人物だった。近隣集団の裁判が紛糾した場合、あるいは複数の近隣集団が裁判に関わる場合に、一人または複数の助言的裁判官が招かれた。彼らは、自らの属性である「内なる他者性」によって小さな集団の狭い利害関係を超えた世論を促しつつ、近隣集団と民族全体を媒介し、法のもとに民族的統合を実現したのである。それは、彼らが *pitet*（自然の法）の発現を助長し、*ng'atutiet*（法、秩序、命令）を与える過程であった。初期の行政首長は、出身地以外の郡に配置された。キプシギスは、「内なる異人」として行政裁判（*baraza*）を司る行政首長に伝統的な助言的裁判官と相同の属性を見出し、行政首長をもまた、伝統的な「調停者」（*kiruogindet*）の語で呼んだ。イスハが行政首長の政治性に着目して行政首長制を内化したのに対して、キプシギスはその法＝行政機能に焦点を合わせて内化したのである。

殺人事件は、「国民国家」ケニアの秩序を揺るがし、その下位集団との間に内在している亀裂を人々の意識のうちに露にし、自他関係を根底から問い直させる。それは、社会構造が鮮やかに顕在化される機会でもある。イスハでは、氏族間の勢力の均衡を幾層もの行政首長職の配分に反映しつつ行政首長制を内化した以上、どうしても実際上の氏族勢力の変化に沿って常に微調整する必要が生まれた。一方、植民地化以前から「慣習法」によって民族全体の広い社会空間を実現していたキプシギスでは、「慣習法」と国家法を重ね合わせた結果、現実には二つの法主体であると言える国家と民族との間に深い亀裂を奥深く抱え込んだのであり、矛盾はこの次元に集中し、時に機会を得て激越なかたちで露呈する。

六 カレンジンと民族的自画像

前節の掉尾に示したような見取り図は、現代ケニアの国家政治を理解するうえでも、重要な示唆を与えてくれるように思われる。

一九八〇年代末にはアフリカ諸国のうちの六割近く、即ち三〇か国が一党制国家だった。だが、その後数年のうちに、そのほとんどが複数政党制へと移行した。ケニアも例外ではなく、一九九一年一一月末にパリで開催された西側援助国会議の圧力に屈するかたちで、翌一九九二年から複数政党制を採用する。これを受けて幾つかの有力な野党が生まれたのだが、ケニアの国政の趨勢は、民族系統による党派性を俄かに鮮明にし始めた。

1 現代政治におけるキプシギスとイスハ

こうした動きの中で、逆説的ながら、強く人目を引いたのがルイア人である。ルイアは、人口三〇八万を擁し、人口四四五万のギクユに次ぐ、ケニア第二の大民族である（Central Bureau of Statics 1994）[10]。それにも拘らず、ルイアは民族としての統一的な政治姿勢を示さず、いわば各政党の草刈り場と見做されて、逆の意味で注目されたのだった。ルイアの各支民族は、ほぼイスハと同様の仕方で行政首長制を内化

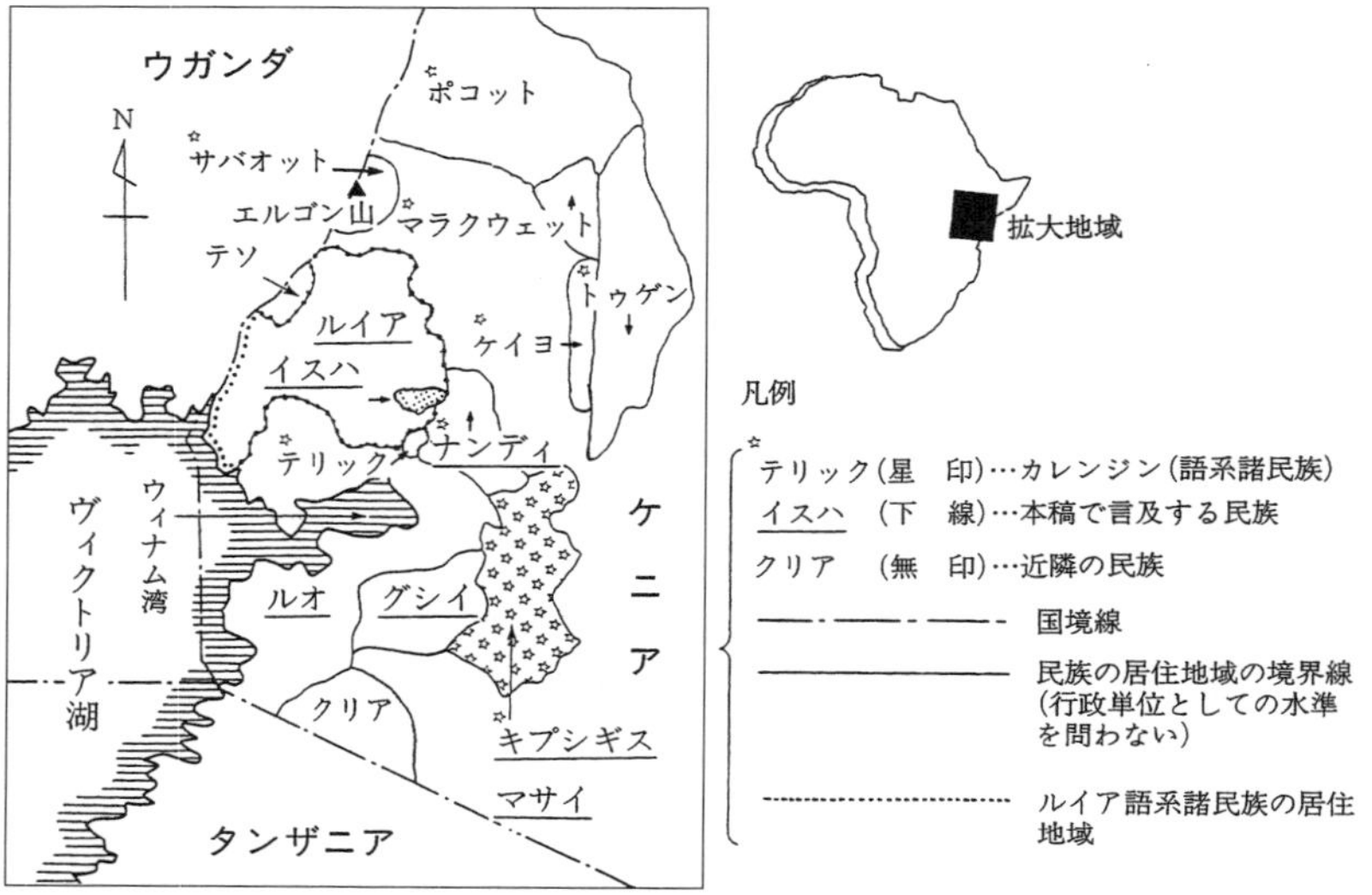

西ケニアの諸民族（概念図）

しつつ、ケニア国家への包摂にそれぞれ主体的に対応してきたと言える。それゆえ、イスハの殺人事件にその典型的なかたちを見た通り、様々な意見の内部的な相違や対立は氏族やリネージの対抗関係へとたくし込まれ、皺寄せされていく。その結果、ルイアは民族として一つの政治姿勢を鮮明にするどころか、支民族の次元でさえも統一した政治的意志を確立できなかったのである。

一方、キプシギスをその最大の構成民族とするカレンジンは、全くの一枚岩という団結力を少なくとも二十一世紀初頭まで示し続けていた。キプシギスの政治構造の骨格をなす年齢組織は、人類学では「ナンディ型」と呼ばれる独特の年齢組＝年齢階梯複合体系からなっている。しかし、その年齢組織への命名からも明らかなように、これはキプシギスに固有のものであるというよりは、かつて「ナンディ語諸民族」（Nandi speaking peoples）と呼ばれた諸民族が共有していたものである（小馬　一九九五b）。特にキプシギスとナンディは、兄弟民族として「我々は一つ」という意識を持ち続け、歴史上一貫して同盟関係を維持してきた。キプシギス（*kipsigis*）とは、固有の割礼＝加入礼を受けて「社会的に生まれた」（*sigis*）「男」（*kip-*）という意味である。だが、彼らとナンディは、相互に割礼＝加入礼の機会を利用し合ってきたし、相互にほぼ自由に移住もできた。年齢組体系が縦糸となって作り出したキプシギスの民族社会は、略々そのままのかたちでナンディにも開放されており、それが緩やかにカレンジン全体へと続いて広がっていたと言える（小馬　一九九七）。

ケニアの独立（一九六三年末）が徐々に近づいてくると、少数民族の集合態である「ナンディ語民族」は、白人に代わってギクユ、ルオ、ルイアなどの農耕大民族が支配権を得て、自分たち牧畜民の広大な土地を奪い取るのではないかと強く危惧し始めた。彼らは、一九四〇年代に、言語・社会・文化的な近縁性に着目し、自らをカレンジン（*Kalenjin*）として統合しようとする政治運動を起こした。これが、「カレンジン現象」（Kalenjin phenomenon）である。カレンジンは、キプシギス語で「私はあなたに告げる」を意味する。「ナンディ語民族」は皆、誰かに語りかけるときに、〝*Kalenjin*〟に類する表現を、合図となる呼びかけ言葉として用いる。そこで、〝*Kalenjin*〟が彼らの統合の象徴となったのだ。もともと原理的に相同である年齢組体系を枠組みとして統合されてきたそれらの諸民族社会が、カレンジン全体へと拡大されるのに、さしたる困難はなかった。一九七八年末、政治的な僥倖から、漁夫の利を得て、カレンジンの一民族であるトゥゲン出身のダニエル・アラップ・モイがケニアの第二代大統領になると、カレンジンの政治的統合は強固な制度的な基盤を俄かに獲得した。というのは、翌一九七九年に実施された国勢調査では、キプシギスやナンディという民族区分は廃棄され、「ナンディ語民族」全体がカレンジンとして扱われたからだ。これを機に、カレンジンが単一の民族として公式に広く国内外に認知されたのである。

ケニア最大の民族紛争は、「リフト・ヴァレー紛争」と呼ばれている。これは、リフト・ヴァレー州に住むカレンジン人とその西側に住むルイア人、ならびにケニア独立後にリフト・ヴァレー州に大挙して入植したギクユ人などとの間の武力紛争である（小馬　一九九五ｃ）。政治的対立の構造は、基本的には、独立前の両者の対立の構図と異ならない。カレンジンは、幾度となくバントゥ語系農耕民族の入植者を襲って、彼らの家屋を焼き討ちしてきた。彼らは、しばしば国際的な非難を浴び、カレンジン群のトゥゲン人出身のモイ大統領（当時）を窮地に立たせてもきた。抗争が起きる度に、ケニア政府がカレンジンを制止するが、容易に功を奏しなかった。それは、何故か。本章でキプシギスの殺人事件の分析を通して詳らかにしたように、カレンジン諸民族には「慣習法」によって統合された広大な民族の社会空間が存在しており、内部の氏族や近隣集団間の対立は極小化されているからである。

筆者は、キプシギスの氏族同士が争ったという確かな伝承を知らない。また、特定の氏族が近隣裁判を牛耳ることもあり得ない。近隣裁判において、かつては助言的裁判官が近隣集団と民族全体とを媒介したが、今日では、誰でも良い、当該近隣集団の外に住む者が参加することが、近隣裁判を合法化する条件となっている。つまり、今でもなお、「内なる異人」としての余所者に、両者を媒介し、統合する機能が与えられているのだ。これは、イスハなどのルイア民族ばかりでなく、マサイなどと比べても、キプシギス社会の際立った特徴である。だからこそ、キプシギスなどカレンジンの社会では、紛争はケニア国家法と彼らの「慣習法」との間に存在する亀裂に光を当て、それを明示的に露呈させる結果になるのである。

2 再び、描かれるべき「文化」について

今ここで我々は、次の事実に注意を向けるべきである。カレンジン諸民族は、どの民族集団にも増して熱烈に自らの超民族的なエスノ・セントリズムを展開し続け、いわば一糸乱れぬ一枚岩的な団結を誇ってきた。[11] なぜならば、カレンジンの民族的アイデンティティの確立には、外部としての、ケニアという国家的な枠組みが何にもまして不可欠だからである。「リフト・ヴァレー紛争」の火種はまだ完全には消えていない。ケニア国家と民族との間の最も明確な亀裂は、伝統的にカレンジンとの間にあった。

だが、カレンジンは決してケニア国家と正面から対立してきたのではない。カレンジン運動が燃え盛り、「文化的自画像」が描かれたのは、ケニア独立の日程が徐々に迫ってきた時期であって、それに続く「リフト・ヴァレー紛争」の時代ではなかった。植民地化と共に始まった行政首長制を初めとする新来の識字的な諸制度の創造的内化の過程は、キプシギスでもイスハでも既に一世紀ほどの星霜を経、民族の伝統自体を大きく変化させてしまった。今日の民族的伝統とは、国家との相互媒介的な発展過程で生み出されたものだ。だから、「ケニア」という「国民国家」の枠組を度外視した一方的な民族文化の自己主張は、皮肉にも、自分たちの民族的なアイデンティティそのものの否定にも繋がりかねないのである。

ところで落合一泰は、一方的に文化的イメージを押しつけてくる外部からの眼差しにも感応しつつ、それをも取り入れて自己表現を模索する試みを、「文化的自画像の生産と消費」として問題にしている（落合　一九九八）。確かに重要な視点だが、一九六三年の独立以来それなりに安定した国民国家建設を続けてきたケニアの現在の状況を分析しようとする場合、この視点の有効性は必ずしも大きくはない。ごくごく薄手の『カレンジン語辞典』の編纂や、カレンジン語による小さくてきわめて薄い書物の数少ない出版

という現象は確かに見られるが、その分析を通してカレンジンの現在が浮き彫りになるとは思えない。イスハにも、それなりの「文化の自画像」の模索が見られる。それは、ムワユリ（Mwayuli 1989）に代表される素人史家による、口頭伝承に基く氏族史の細々とした編纂だが、そこからもイスハの現在は見えてこない。その考察がイスハの現在の理解へと繋がるのは、中林伸浩が達成したように、「ある範囲の人々に集合的に、意識されないままにすりこまれ、生きられている営みの総体として」（川田一九九八：五〇）のイスハの文化の描写を背景とした場合に限られるだろう。

森山工は、「文化的自画像」が描かれない条件を冷静に見据えながら、次のように述べた。「民族間対立は、かつての植民地行政府の振る舞いが示すように、それ自体において政治的な操作の媒体となりうるし、また現にそうである。しかしながら、民族間対立それ自体のもつ操作的な性格にとどまらず、ある振舞いを民族間対立に基づく操作と意味づけることそのことまでもが、政治的な操作を可能とする媒体とされるのである」（森山　一九九八：九四）。

本章で描いたのもまた、集合的な営みとしての文化である。ケニアの「民族」問題を考える場合、このレベルでの文化の記述が特に重要だと言える。それは、ある状況を生きている人々自身にも主体的には容易に把握出来ず、外部からは「混沌」と見られがちなものを、見えるものに変えるのだから。本章では、殺人事件を手掛かりに、そのようにしてキプシギスの文化と社会の像を描こうと試みた。

この試みを通して見えてくるのは、国家と民族、あるいは民族と民族の対立というよりも、むしろ二つの「法」の対立であると言える。本章の見方を敷衍するとき、「リフト・ヴァレー紛争」もまた、異なる新たな像を結び得るのではないだろうか。

このような見通しを得るときに、筆者のような人類学徒は、経済学者を初めとする他の社会科学者や、法律家などの実務家ともどうにか通じ合える、共通の言語を獲得する希望を手にすることになるように思える。そして、我々人類学徒は文化を語りながらも、「民族」問題を「民族問題」としてではなく、別の次元の問題として把握して、解決に導く具体的で実践的な方途を見つけ出せるのではないだろうか。

おわりに

しかしながら、おそらくその際に厳しく再考を迫られることになるのが、アフリカの「統治者なき民族」の「慣習法」とは何かという問題であろうことは、想像に難くない。本章は、ケニアの二重法制の前提となっている原則、すなわち民族の「慣習法」が（少なくとも民法の領域においては）英国法に倣ったケニアの現代法に匹敵し、対抗する「もう一つの法」であるという原則を前提として立論してきた。

しかしながら、南スーダンのヌエル族（ヌアー族）の古典的な研究書の中でエヴァンズ＝プリチャードは、こう述べている。ヌアー族は「政府をもたず、その政治状況は秩序ある無政府状態とでも言えるものである。同様に、もし法というものを、それを執行するだけの強権をもった独立した公平な権威によって下される判決であるとするならば、ヌアー族は法をもたない」（エヴァンズ＝プリチャード　一九七八：六―七）。

エヴァンズ＝プリチャードが言うように、強制力としての暴力装置をもつかどうかという差異以上に重要なのが、西欧的な法制度が識字的な制度であり、官僚制度や書類による命令という特質をもっている点だ。それは、識字による法制度がすぐれて直接的で人格的な関係を取り扱う「慣習法」とは著しく異なっており、そうした関係を脱脈絡化する核心的な属性をもつものだからである。
　しかしながら、ここでは本章がこの点の検討を踏まえていないことを率直に認めるだけに止め、その認識に基づくより深い再考は他日の事としなければならない。

《注》

（1）今村仁司（一九八五）『現代思想のキイ・ワード』講談社、九三頁。
（2）この造語は、落合（一九九八：五二―八〇）による。
（3）キプシギスは、南ナイル語系のカレンジン群に属する。
（4）なお、過失による殺人は、*lelet* と呼ばれて区別されるが、血償は他の「内殺人」（*rumisiet*）と同額である。
（5）ただし、これには男性側のイデオロギーと言える面がある。不当な扱いを受けた者は性別に拘らず呪力をもつとする主張が、女性を中心として一部に確かに存在している。
（6）もっとも、「法」や〝law〟の意味内容は、*pitet* という語ばかりでなく、*atebet*（行為、習慣、態度、慣習）や *ng'atutiet*（法、秩序、命令）の語が伴って初めてその全体をカバーできるのであり、今日では *ng'atutiet* を訳語として用いるのがむしろ普通である。
（7）Bは新設のチェパルング区の最初の区長として赴任し、当初、柔らかな物腰で親しまれた。だが、次第に陰鬱になり、この殺人を犯す以前から往々「自分が誰だか知っているか」と、ねめつけるような目で尋ねるようになった。筆者も、一度、車の助手席からそう問われたことがある。
（8）一九九六年一一月現在、一ケニア・シリングは約二円だったが、円に対してその後値を下げ続け、二〇一七年初めには、約一円に近付いた。
（9）「キプシギス人は容易に怒らないばかりでなく、良くも悪くも、あらゆる種類の行動を取るのが遅い」（Orchardson

1961：36）という定評がある。

（10）植民地時代の二回の包括的な国勢調査（一九四八年、一九六九年）に次いで、独立したケニアは、一九六九年から十年ごとに国勢調査を実施している。独立後の第三回目に当たる一九八九年の調査は、史上最も困難なものとなった。ギクユに次ぐ規模の幾つかの民族の間に僅差で順位の変動があり、その公表が大きな政治問題化したからである。それが、公式記録の刊行まで五年間もかかった原因だった。次の一九九九年からは、民族的なアイデンティティは、調査項目から外されてしまった。

（11）ただし、ケニアの新憲法が二〇一〇年八月に公布される前後から、カレンジンの一枚岩的な団結が揺らぎ始めた。カレンジン群中最大の人口をもつ南のキプシギスと、それ以外の、北に住む諸民族の間に大きな利害の対立が生じたのである。なお、この問題の論述は他日を期したい。

《参考文献》

Barton, Juxson C.（1923）"Notes on the Kipsigis or Lumbwa Tribe of Kenya Colony," *Journal of the Royal Anthropological Institute*, LIII, pp.42-78.

Central Bureau of Statistics, Office of the Vice President, Ministry of Planning and National Development, Republic of Kenya（1994）*Kenya Population Census 1989*, vol.I.

Dobbs, C. M.（1921）"Lumbwa Circumcision Ages," *Journal of the East Africa & Uganda Natural History Society*, pp. 55-57.

Komma, Toru（1981）"The Dwelling and Its Symbolism among the Kipsigis," in Nagashima, Nobuhiro（ed.）*Themes in Socio-Cultural Ideas and Behaviour among the Six Ethnic Groups of Kenya*, Tokyo: Hitotsubashi University, pp.89-124.

Komma, Toru（1984）"The Women's Self-Help Association Movement among the Kipsigis of Kenya" in Wada, Shohei and Paul K. Eguchi（eds.）*Africa 3*（*Senri Ethnological Studies 15*）, Osaka: National Museum of Ethnology, 1984, pp.145-186.

Komma, Toru（1992）"Language as Ultra-Human Power and the Authority of Leaders as Marginal Men: Rethinking Kipsigis Administrative Chiefs in the Colonial Period," in Wada, Shohei and Paul K. Eguchi（eds.）*Africa 4*（*Senri*

Ethnological Studies 31), Osaka: National Museum of Ethnology, 1992, pp.105-157.
Mwayuuli, M. S. (1989) *The History of the Isukha and the Idakho Clans among the Abaluyia of Western Kenya*, Kanazawa: Kanazawa University, 1989.
Orchardson, I. Q. (1961) *The Kipsigis* (abridged, edited and partly rewritten by A. T. Matson from original MS, 1927-37, Kericho), Nairobi: East African Publishing House.
Peristiany, J. G. (1939) *The Social Institutions of the Kipsigis*, London: Routledge & Kegan Paul.
Saltman, Michael. (1977) *The Kipsigis: A Case Study in Changing Customary Law*, Cambridge, Massachusetts: Shenkman Publishing Company.
エヴァンズ＝プリチャード（一九七八）『ヌアー族――ナイル系一民族の生業形態と政治制度の調査記録』（向井元子〔訳〕）岩波書店。
落合一泰（一九九六）「文化間性差、先住民文明、ディスタンクシオン――近代メキシコにおける文化的自画像の生産と消費」、『民族学研究』第六一巻第一号、五二―八〇頁。
川田順造（一九九八）「文化的自画像――名乗られたものとしての文化」、『民族学研究』第六一巻第一号、一九九六年、五〇―五一頁。
ゲーノ、ジャンマリ（一九九四）『民主主義の終わり』（舛添要一〔訳〕）講談社。
小馬　徹（一九八二）「ケニアのキプシギス族における女性自助組合運動の展開」『アフリカ研究』（日本アフリカ学会）第二六号、一―一九頁。
小馬　徹（一九八三）「牛牧民カレンジン――部族再編成と国民国家」『季刊民族学』（千里文化財団）第二五号、三二―四五頁。
小馬　徹（一九八四）「超人的力としての言語と、境界人としての指導者の権威――キプシギス族の行政首長再考」『アフリカ研究』（日本アフリカ学会）第二七号、一―二七頁。
小馬　徹（一九八五）「東アフリカの〝牛複合〟社会の近代化と牛の価値の変化――キプシギスの『家畜の貸借制度』（*kimanakta-kimanagan*）の歴史的変化と今日的意義をめぐって」『アフリカ研究』（日本アフリカ学会）第二七号、一―五四頁。
小馬　徹（一九八七）「キプシギスの『火』のシンボリズム」、和田正平（編）『アフリカ　民族学的研究』同朋舎出版、三―四八頁。
小馬　徹（一九九三）「『失われた10年』から見たアフリカの現状とアフリカ研究の今後」『アフリカ研究』日本アフリカ学会、四十三号、九九―一〇九頁。

小馬　徹（一九九四）「ケニアの二重法制における慣習法の現在――キプシギスの『村の裁判』と民族、国家」、『歴史と民俗』（神奈川大学日本常民文化研究所・平凡社）第一一号、一三八―一九一頁。
小馬　徹（一九九五ａ）「国家を生きる民族――西南ケニアのキプシギスとイスハ」、『人類学がわかる。』〔AERA Mook 8〕朝日新聞社、一四八―一五三頁。
小馬　徹（一九九五ｂ）「西南ケニアのキプシギス人とティリキ人の入社的秘密結社と年齢組体系」、神奈川大学人文学研究所（編）『秘密社会と国家』勁草書房、二三四―二七五頁。
小馬　徹（一九九五ｃ）「リフト・ヴァレー紛争」、梅棹忠夫（監）、松原正毅・総合研究開発機構（編）『世界民族問題事典』平凡社、一二〇七―一二〇八頁。
小馬　徹（一九九六）「父系の逆説と『女の知恵』としての私的領域――キプシギスの『家財産制』と近代化」、和田正平（編）『アフリカ女性の民族誌――伝統と近代化のはざまで』明石書店、二八一―三三二頁。
小馬　徹（一九九七）「国家と異人――キプシギスの近代化」、中林伸浩（編）『運動と紛争』〔文化人類学講座６〕岩波書店、一〇一―一二九頁。
中林伸浩（一九九一）『国家を生きる社会――西ケニア・イスハの氏族』世織書房。
フクヤマ、フランシス（一九九二）『歴史の終わり』上・下（渡部昇一〔訳〕）三笠書房。
森山　工（一九九八）「描かれざる自画像――マダガスカルにおける文化的統一性をめぐる言説」『民族学研究』第六一巻第一号、八一―一〇〇頁。
ルルーシュ、ピエール（一九九四）『新世界無秩序』（三保元監訳）日本放送出版協会。
田中明彦（一九九六）『新しい「中世」――21世紀の世界システム』日本経済新聞社。

第２部　行き交い、ぶつかり合う時間と時代

第三章　マサイのビーズの腕時計

――或いは、ユートピア思想のワクチン

ダン吉という日本人少年は、彼のスタイルが腰ミノだけの裸体という〝蛮人〟たちと同じものであるにもかかわらず、その腕に時計をはめ、靴を履いているということによって、〈中略〉その〈野蛮島〉において〈時間〉を支配する者なのであり、そうした時間の一元的な管理、支配こそがダン吉少年の王様としての権力の源泉というべきものなのだ(1)。

はじめに

二〇一五年八月末、赤道直下、南西ケニアのサヴァンナ高原での一か月間余りのフィールドワークを終えて舞い戻った首都ナイロビの町角をぶらぶら歩いていて、一軒のありふれた土産物屋の店先の品揃えに何気なく視線を落とした。すると、店の入口近くのショーウィンドーにさり気なく置かれていた幾つかの小さな装飾品が、即座に目に飛び込んで来た。そしてそれらが、随分長く棚上げにしたまま放っておいた一つの「宿題」があったのだと、全く思いがけず、俄かに思い出させてくれたのだった。

その品とは、ごく粗くなめした薄手の牛革の細長い小片に、色とりどりの細かなガラス・ビーズを手で

マサイのビーズの腕時計

縫い付けて作った、マサイ人の素朴な「腕時計」である。私が長年住み込んで調査研究してきたキプシギス人と、彼らに似寄りのマサイ人は、共にナイル語系の牛牧民で、互いに隣り合って住んできた民族である。彼らは、長年、強力なライバル民族同士として相互に牛を略奪し合ってきた仲でもある。そして、その隣住の過程で、両民族の文化は外面的にはきわめてよく似たものになっていった。

一九八〇〜一九九〇年代、そうしたビーズの腕時計を手首に巻いたマサイ人の姿を時折見かけたし、その「腕時計」は、土産物として白人観光客にもなかなか人気があった。今回、ナイロビの町中で寄り道をしたせいで、その「マサイのビーズの腕時計」が現在でも土産品店の棚に並んでいる様を図らずも目にしたのだが、ホゥという懐かしさと共にいささかの感慨を禁じ得なかった。それは、取りも直さず、長い間怠慢にも等閑に付してきた先述の手ごわい「宿題」との、一筋縄では行きそうもない、厄介な格闘の突然の再燃をも意味していたからである。

本章は、その難しい「宿題」に対する自分なりの解答のつもりなのだが、果たして、どうにか及第点を貰えるものになっているだろうか。

一　マサイの腕時計の「存在しない時間」の特性

直径三センチほどの薄革製の円盤の上面に、色違いのビーズを四重か五重の同心円状に並べ、その両側に延びる各々一〇センチほどの長さのバンドに、同じ色のビーズを三列ほど縫いつけてある。たったそれだけの、いたって簡素な作りの「マサイのビーズの腕時計」は、本来、精密機械である腕時計からは本質的に縁遠い、かなり奇妙なオブジェと言うべき代物であるだろう。

それは、実用性がこれと言って何一つない点で、最も素朴な子供の玩具にも通じる。けれども、実物の忠実な似姿を目指して、一応工夫が凝らされてはいる。とは言え、我々のありふれた玩具と比べても、形態的な近似値では遥かに劣っているだろう。また仮に、まあまあきれいだとは思えても、他のビーズ製品の大きさと豪華さと比較すれば、随分見劣りがして、貧弱の誹りも買いかねない。

では、それでもなお「マサイのビーズの腕時計」がナイロビの街角で長く売り続けられ、欧米の観光客たちに今も喜んで買い求められているのは、一体どうしてなのだろうか。その一つの理由は、他でもなく、作り手が「アフリカ最強の勇士」、マサイ人であるからだろう。（成年儀礼において、槍一本でライオンを独力で殺して初めて成人できるのだと喧伝され、神話化されてもきた）マサイ人を彼らが敬して、あの牛革・ビーズ製の安手の装飾品を「腕時計」（精密機械）として認知しているのは、おそらく象徴性の強い何らかの意味での類似性をそれに感じ取っているからだということになるのではないだろうか。

すると、マサイ人自身が「ビーズの腕時計」を身につけることに実際にどのような意義を自ら見出しており、一方欧米人が何を背景としてそれにどのような属性の「時間」を読み取り、またなぜそれを良しとしているのかを解明することが必要になるはずである。さらに、欧米人とマサイ人の「時間観」が、ビーズの腕時計を具体的な出合いの場として、果たしてどのように交錯し合っているのかを明らかにすることも、筆者が件の「宿題」に答えるうえで、重要な課題となるに違いない。

もちろん、最初に手掛かりとするべきは、「マサイのビーズの腕時計」から直に読み取ることができる、その独自の時間の属性を、できるだけ忠実に、つまり記述的に特定することだ。この「時計」には、文字（盤）も時針・分針（・秒針）も皆残らず欠けている点に著しい特徴がある。それは、現時点で何ら時刻を表示せず、また将来表示することも原理的にあり得ない。したがって、その革製の薄っぺらな円盤に張りついてそこに常在しているのは、いわば「死んだ時間」、または「存在しない時間」なのである。

しかしながら、少なくともその「死んだ」「存在しない」時間の外形だけは、誰もが即座に、且つ明瞭に把握できる。それは、同心円状にくり返し進行して、何時までも果てることのない時間、つまり本物の腕時計が常時機能的に表現している、円環状の時間そのものなのである。

二　機械時計とユートピアの構造

こう整理すると、全く思いがけず、一つの有力な手掛かりが得られることになる。すなわち、仏文学と欧州文化の研究者として知られる澁澤龍彦の業績が、我々がなすべき考察の恰好の触媒となることに気づくのである。

澁澤は、「現に活動している時計よりも、古くなって動かなくなった時計、針の欠けた時計、ローマ数字の文字盤が黄色くなった時計、つまり死んだ時計を何よりも好む、奇妙な性癖の持ち主」であることをはっきりと自認し、評論「ユートピアとしての時計」でそれを具に言明している。今ここで、しかと目を留めて心に銘じておくべきは、澁澤のこの自画像が、ケニアを訪れて「マサイのビーズの時計」を好んで買い求めている欧米の白人観光客たちの姿と誠によく符合するという、実に意外な事実である。

澁澤は、その評論文で、歴史家が機械時計の真の発明者だと名指す人物は十一世紀後半のベネディクト修道僧ヒルザウのヴィルヘルムであり、したがって機械時計は「修道院という、閉ざされた、まさにユートピア的環境から誕生した」ものなのだと述べて、ユートピアと機械時計との不可分の関係に強く注意を促している。

彼は、機械時計以前の（砂時計、水時計、日時計等の類の）時計の示す時間は、全て天体の運行や均質な（水・砂などの）流動体の一定のリズムに依拠した「自然の時計」であって、自然の中にすっぽり埋没しているのだと言う。他方、機械時計の場合には、重錘やゼンマイのエネルギーに付き物の固有の不安定さを克服するべく発明された諸々の巧妙な装置が、その中でも脱進機こそが、時計としての構造の枢要部を占めている。だから、人間は機械時計の段階に至って、ついに「時間の王国」に君臨することになった。その結果、機械時計が発する時間は、もはや自然時間なのではなく、加工され、精錬され、文明化された「抽象的かつ論理的な時間」と化している。このように、彼は主張するのである。

澁澤によれば、元来ユートピアは歴史の無秩序な流れと対立し、純粋に論理的な完成を志向するのであって、その構造を支える諸部分は、まさに歯車のごとく相互に緊密に噛み合って固く結合している。つまり、ユートピアは一本の軸の周りを回転する機械の世界であって、機械時計のこの抽象的な時間こそが、まさしくそこでのあるべき時間となる。こう考えれば、機械時計が（現世の支配者たる王家の工房にではなく）中世世界のユートピアたる修道院のごく特殊な環境から生まれたのは、いかにも象徴的な事実であった。機械時計は、ユートピアのイメージそのものを体現し、ユートピアの構造のあらゆる特徴を十全に再現している。そして、機械時計を生み出したかつての中世西欧の修道院は、やがて機械時計そのものに似ていくことになるのだ。澁澤は、右のように考えた。

三　「歴史とユートピア」――「時間と時計」の逆説

しかし、彼の話は（機械時計の時間さながらに）決して易々と直線的には進まない。すなわち、歴史とユートピアの関係にも、また時間と時計の関係にも、共に奇妙な逆説が孕まれているとして、澁澤は次のように述べている。ユートピストは、「建築家が曲った川をまっすぐに修正するように」、無秩序に錯綜した自然の時間を嫌悪する。そして、それを修正して時計という箱の中に閉じ込め、その中で「加工をほどこし、まったく別種の人工的な時間に練り直したい」のだ。すなわち、直線的に進んでいくという「歴史の恐怖を逃れるために、ユートピストには時計が必要なのである」。

その結果、水時計や日時計、或いは砂時計が表象している時間の自然で物質的で具体的なイメージが、機械時計からはすっかり消え失せてしまった。機械時計という箱には、ひたすら計算し、記録された空虚が閉じ込められている。そして、それは抽象的な時間が勝利して具体的な時間が死んでしまうという、ユートピアの一般的性格に宿っている、あの虚無の反映でもある。だから、ユートピアでは持続の感覚が消滅し、前後の広がりも失われて、ただただ永遠の現在があるばかりになる。澁澤によれば、かつて修道院がそうであった、まさしくそのごとくユートピアはあるのだ。

このようにして、時計の秩序に支配された世界がかえって無時間の領する世界になってしまうという「ユートピアの逆説」を用意するのが、時間の単調なくり返しによって時間を消滅させようとする、ユートピストの無意識の願望なのである。すると、千篇一律の永久運動が中世の最も重要な形而上学的な夢想だったということになるのだが、この場合「時計の文字盤がすべて一様に円いのも、ユートピストの歴史嫌悪の無意識のあらわれ」だと、澁澤は考えた。

そして、次のように結論する。

歴史の時間は直線的時間であり、時計はこの直線的時間を加工して、無窮動の循環的時間という、一つの人工的時間に変化させてしまうのだ。円い時計の文字盤は、歴史の持続を否定した、永遠の現在の象徴でなくて何であろうか。修道院で最初の時計を組み立てた修道士は、ひそかに歯車装置のなかに、歴史に対する怨恨、歴史に対する悪意を封じこめておいたらしいのである（澁澤　一九八四：二二五—二二六）。

ここにきて我々は、一つのきわめて重大な事実を発見することになるだろう。澁澤の言うように、もし機械時計の時間が「死んだ」「存在しない」時間なのであれば、この「時間と時計の逆説」を極限まで強化して可視的に表現した機械時計とは、まさに針も文字盤も持たない時計だということになるはずだ。でも、そんな時計がこの世に、仮にも時計として存在できるはずもない。針も文字盤もなければ、時間を計測するという、まさしく時計本来の機能もまた無論なくなり、それゆえにその時計は死んでいるのだから。「死んだ」時計は、当然ながら、「生きた」（実用的な）時計として存在することを許されず、せいぜい博物館か（澁澤その人自身のような）好事家の偏愛する奇態な収集物として、時に纏わるなにがしかの痕跡を微かに留めるに過ぎないだろう。

ところが、我々はそんな時計が日々確かに使われ、且つ日常的に売りに出されもして、喜んで贖われている事実を、もう既に熟知している。そう、その奇跡的な時計こそが、本章の考察の対象となる「マサイのビーズの腕時計」であった。マサイ人の戦士たちは、針も文字盤もない「時計」を日常的に手首に嵌めて、何の不足も覚えずに暮らしている。いやいや、事態はもっともっとラディカルだ。そのビーズの腕時計が、「一本の軸の周りを回転する機械」装置それ自体さえも残らずすっぱりと脱ぎ捨ててしまって、「死んだ」「存在しない」時間を究極まで突き詰めることにうまうまと成功しているのだから。

すると、澁澤龍彦の導きに忠実に従う限り、マサイ人の現に生きて暮らす土地もまた、何者かによって、何らかの理由から、何らかのかたちで、何らかのユートピアの相貌を与えられているのではないかと想像することも出来そうだ。そう、まさしく「死んだ」「存在しない」時間を究めたビーズの腕時計を左手首に纏う人々が常在している土地であるがゆえに。

四　永遠のナチュラリスト、マサイ人

ここまで論を進めてきて、筆者は今、奇妙な既視の感覚に強く捉えられている。すなわち、針も文字盤もなく、その属性のゆえに「死んだ」「存在しない」時間を告げ知らせる、「ビーズの腕時計」を製造して売っている（或いはそれを日常的に左手首に嵌めている）マサイ人のイメージと確かにどこかで通じ合っている、もう一人別のマサイ人の姿が、彷彿と脳裏に浮かび上がって、俄かに舞い戻ってきたからである。マサイ人の神話は、（成年儀礼において、槍一本でライオンを独力で殺して初めて一人前の成人となれる）「アフリカ最強の勇士」といった、前時代のセピア色の記録映画などが広めてきたバージョンにだけに止まっているわけでは決してない。新たな、そしてこれもまた人口に膾炙した、次のような「高貴な野蛮人」バージョンも存在しているのだ。

或る日のこと、（今日では「新世界七不思議」の一つとされるようになった）ヌー（別名ワイルドビースト）のタンザニアのセレンゲティ国立公園側からの季節的大回遊で知られるケニアの代表的な観光地、マサイ・マラ国立公園の大草原で、白人の運転するランド・ローバー（四輪駆動車の名車）がエンジン故障を起こして立ち往生してしまった。どうしても故障を直せないまま、徒に時間だけがどんどん過ぎ去っていく。ついに広大無辺の大地に日没が迫って夜の帷が降りかかってきた頃、見上げるばかりの上背がある一人の屈強なマサイ人戦士が、夥しい数の牛の群を悠然と追いながらその場を通り掛かった。白人観光客たちの窮状に気づいたその戦士は、いかにも気軽にエンジンルームを覗き込む。すると、車はものの数

分も経たないうちに、軽快なエンジン音を響かせ始めた。戦士の神業に驚嘆した白人たちが是非にと尋ねてみれば、彼はオックスフォード大学を卒業した後、マサイの土地に舞い戻ってきたのだと告げた。そしてそれから、まるで一切何事もなかったかのように、雲霞のごとき牛群を引き連れて、彼らと共にはるかな地平線に向かって、また静かに歩を進め、悠然と歩き去っていくのだった。

そのオックスフォード卒の超インテリ戦士がビーズの腕時計をしていたかどうか、現代の神話は何も教えてはくれない。ただし、彼は西欧世界の最高学府に学んで最先端の技術を身につけた後、現代世界の中心から「悠久の昔より変わることのない」マサイの戦士たちの遊動する別世界、つまり遥か彼方の周縁へと何故かあえて帰還し、昔ながらの暮らしを続けて悠然と生きているのだと言う。もしそうだとすれば、この現代の「神話」の中のマサイ人の土地では、「持続の感覚は消滅し」、「前後の広がりのない」「ただ永遠の現在」があるばかりということになる。それは、まさしく欧州中世のユートピストが心に強く思い描いて止まなかった、理想としてのユートピア（の構造）の忠実な似姿に他ならないだろう。

さて、ここでもう一度、我々はあえて問うてみるべきなのだ。この「神話的な」マサイ人の「現代の」英雄の左手首には、ビーズの腕時計が果たして嵌められていたのだろうか、と。もし嵌められていたとすれば、ユートピアの「死んだ」「存在しない」時間が、（この英雄自身がその中で生きているはずの）ビーズの腕時計の「死んだ」「存在しない」時間と見事に符合して、少しの矛盾もなく溶け合っていたことになるのだと言えよう。

しかしながら、その想定は決して実際的ではあり得ない。なぜなら、ビーズの腕時計を左手首に巻いた現実のマサイの戦士たち（或いはそれをナイロビの土産物店に売りに来るマサイの戦士たち）が、西欧のユートピアに固有の属性である「永遠の現在」を生きてなどいない証拠を、筆者は以下に確かに示すことができるのだから。そこに「ビーズの腕時計」神話の健康さ、ないしは救いがある。

五　マサイ人とキプシギス人

中世の修道院で最初に機械時計を組み立てた修道士が歯車装置の中に密かに封じこめたに違いない、歴史に対する怨恨と悪意を、澁澤龍彦は倦むことなく熱心に語っていた。だが、マサイのビーズの腕時計は、無意識下でその怨念や悪意と仮に戯れてみてはいても、決してそれをまっすぐには受け継いでなどいないのだ。そう断言してもいい。

というのも、マサイの人々には、機械時計がそのイメージを鮮やかに表象する西欧のユートピアの時間概念とはまた別に、彼らに固有のものである（理想とする）社会構造を枠づける、（そして、自然の時間を確実に超えた）伝統的で人工的な時間のイメージを今も保持しているからである。それは、西欧の人工の時間、すなわち機械時計の時間とは正反対に、直線的な時間なのだ。そして、その何処までもまっすぐに延びて行く時間のイメージが根底から支えている彼らの文化装置としての制度とは、マサイ人の社会構造のまさに中核をなしている「年齢組体系」(ageset system) なのである。

ところで、マサイ人がビーズの腕時計を今でも自ら作って売っているのに、彼らの強力な隣接民族であるキプシギス人等のカレンジン諸民族が全くそうすることがなかったのは、誠に興味深い対照的事実であるだろう。かつて初期の行政人類学者たちは、キプシギス人を「農耕マサイ人」(Agricultural Maasai)

の一派と見た。また、アフリカを専門のフィールドとする英国人社会人類学者ハンティングフォードは、マサイ民族と（キプシギスを民族群中の最大民族とする）カレンジン民族を一括して、南ナイル・ハム諸民族（Southern Nilo-Hamites）として分類している。それほどまでに、両民族群は社会・文化的にも近い関係にあると言うこともできる。

ただし、「淫する」と言える位にまでビーズ工芸に通じて多用してきたマサイ人に比べれば、キプシギス人が革製品、木製品、瓢箪等の装飾にビーズを使う度合いも、またその装飾の技量も、なるほどいささか劣ってはいよう。しかしながら、キプシギス人も、彼らなりの装飾技術をもち、ビーズをイニシエーションや結婚式等の重大な儀礼的機会を中心として重用し、愛好してきた。だから、彼らの間にもビーズの腕時計を装着し、或いは観光土産用に制作するアイディアが生まれていたとしても、少しも不思議には当たるまい。ところが、四十年に近い彼らとの交流の中で、筆者は何故か、そうした例に一度も遭遇することがなかったのである。

両民族の社会・文化は、東アフリカに特有の「牛複合」（cattle complex）という顕著な特徴を共有している。また、これも東アフリカに特徴的な、政治構造の中核を担う、独特の年齢組体系（次節で詳述）を両民族は今も保持し続けている。ただし、キプシギス人の年齢組が、（東アフリカ地域全体の年齢組織の祖型である、南エチオピアのオロモ人の「ガダ」に通じる）「円環型」であるのに対して、マサイ人のそれが「直線型」であるという、きわめて重大な差異が存在する事実をうかうかと見逃してはならない。ここであえて先回りして言えば、この点についての差異こそが両民族の「ビーズの腕時計」との関わり方を大きく分け隔てた、決定的な要因であると思われるのである。

六　「直線型」年齢組と「円環型」年齢組

人類学では、性・年齢の区分を土台として形作られる社会組織一般を「年齢階梯制」（agegrade system）と言う。その大きな特徴は、長幼の序と同輩の平等原理とを（いわば儒教倫理のごとく）きわめて重く見る点にある。ただし、この場合の「年齢」（age）とは、「出生以来の年数」という、近代社会の諸言語に広く見られる通常の用法ではなく、むしろ当該社会に固有の基準で定位される特定の人生段階（＝社会的段階・身体的段階）――例えば「子供」、「（上級、または下級の）戦士」、「長老（大人）」、「老人」――という内包をもつことに注意を促したい。何しろ、生まれてからの年数をそのままのかたちで問題にし、算定する前近代的社会は、きわめて数が少なかったことが知られているのだ。

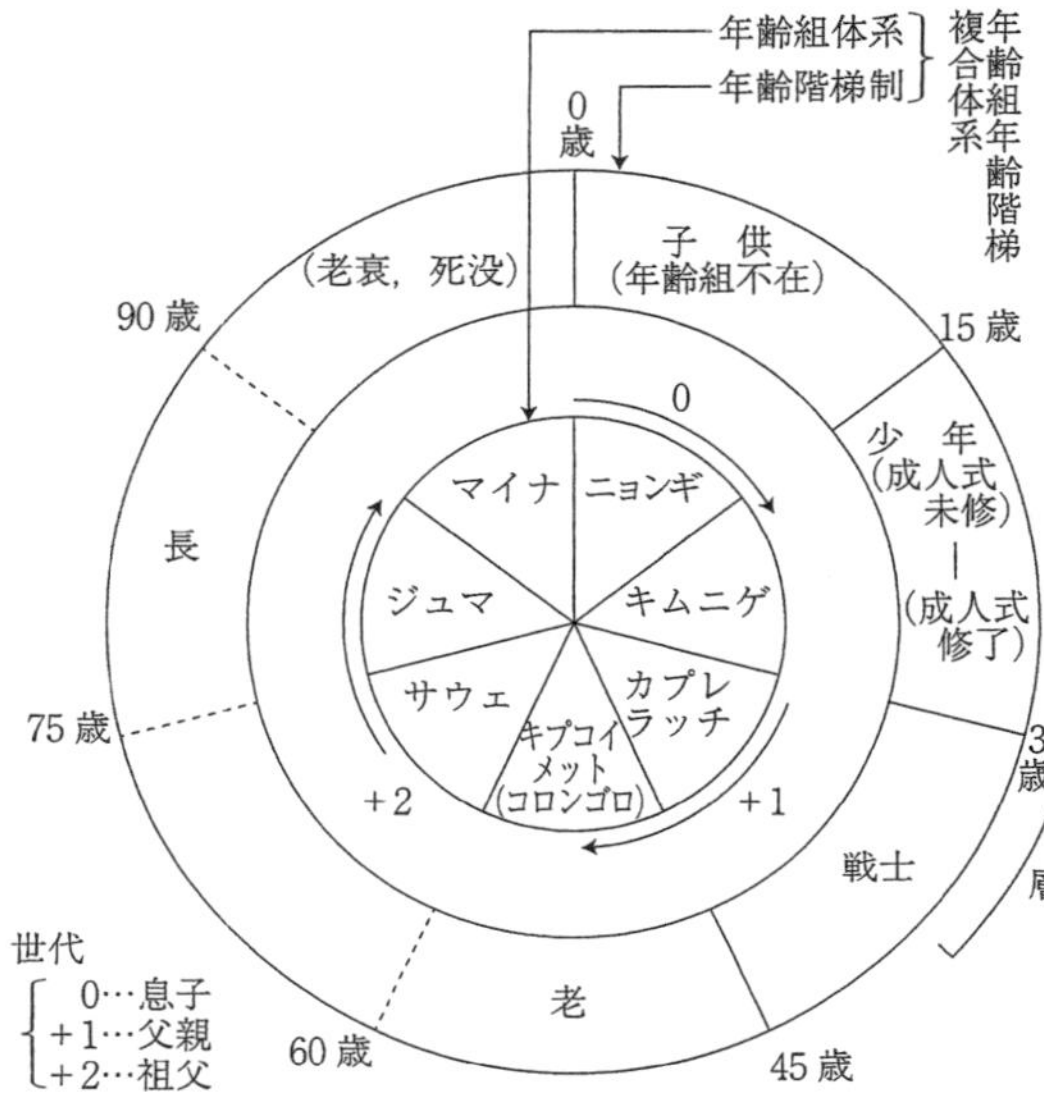

ナンディ・キプシギス型の
年齢組年齢階梯複合体系（現在）の概念図

そうした「年齢階梯制」に関係する「年齢集団」の中でも、誕生や（しばしば割礼を伴う）成年儀礼をきっかけとして同じ資格をもつ男性たちが全員加入制で形成し、固有の名称をもち、生涯その所属が変更されない方式のものを年齢組（ageset）と言う。年齢組は当該社会に何時も複数個同時に併存しており、また形成順（長幼）に則って序列化されてもいる。

年齢組の数が一定で、且つ形成順が固定され、その結果、決まった周期で同名の年齢組がくり返し現れる場合を「円環型」（cyclic type）、年齢組の数も名も一定しない場合を「直線型」（linear type）と呼ぶ。キプシギスを初めとするカレンジン諸民族はいずれも、互いに同型性がきわめて高い、円環型の年齢組体系を有している。一方、マサイ人は、全く異なる直線型の年齢組体系をもっているのである。

一般化、あるいは理念化すると、カレンジンの年齢組体系は、約十五年間隔で形成される（もとは皆）八つの年齢組からなる。息子は、原則的に父親の次の次の年齢組に加入するが、それは（父方の）祖父の四つ後の年齢組に属することでもある。こうして、（父方の）祖父の祖父（高祖父）と孫の孫とは、一巡りして現れる同名の年齢組の成員となる。このイメージこそが、父系祖先の霊魂が子孫の肉体へ再来（reincarnate）してその霊魂になるという、彼ら独自の強固な系譜上の世代観と生命観を背後で支えているものなのである。無論、これは組織原理上の理想のイメージであって、個々の人々の実人生が往々それと微妙にずれていることは、論を俟たない。ただし、このシステムが、中世西欧の修道院が創り出した機械時計の回帰する円環的な時間と原理的には相同であり、それときわめて親和的なイメージを（いわば同心円状に）呼び起こすという構造的な事実を、ここで心にしっかりと留めておきたい。

なお、年齢組体系は、任意の個人がそれぞれの年齢組の成員全体を代表できる「共体的集団」の原理をも提供しているのである。そして、（順に「少年」から「戦士」、次いで「長老」へと）年齢階梯を全員で一斉に昇階する点に、その際立った特徴がある。ただし、本章の論旨を明快にしておくために、ここでは、この側面にこれ以上深く立ち入らないでおきたい(2)。

七　マサイ人と「歴史」

さて、キプシギス(カレンジン)の円環型の年齢組体系の機能的な力点は、戦士階梯を占める年齢組に明確に置かれていて、軍事的性格が際立って強い。他方、マサイの場合は、(特に上位の)長老階梯が政策の決定に責任をもっていて、こちらは、むしろ政治的性格が著しい。

キプシギス(いや、カレンジン一般)の独自の(人工的な)長期の時間観は右の通り円環型で、中世西欧の修道院由来の機械時計が象徴する時間観にも、構造的に通じていると言って良い側面がある。もしそうであれば、植民者がもたらした腕時計の時間に仮に彼らが一定の関心をもったとしても、それに驚かされ、マサイほど強い霊感を受けて殊更に新奇な時間観を発見するようなことは、まずあるまい。

一方、直線的な長期の(人工的な)時間観をもつマサイ人の事情は、カレンジンの場合とは正反対になるだろう。彼らは、機械時計の円環的な時間観の新奇さに強い印象を受け、おそらく深く魅せられ、引きつけられただろうと思われる。そこで、マサイ人はビーズの腕時計を自ら作って身に纏い、また進んで白人観光客に売るポジションを選択をしたのではあるまいか。お互いの時間感覚を擦り合わせてみようと。

しかし、それは、ファッショナブルであっても、その場限りのことだ。何しろ、マサイ民族の個人の生を枠づける(つまり、政治構造の中核をなす)直線型の年齢組は、同時に併存する数が一定せず、また名称も固定されず、老人たちからアド・ホックに与えられるのだ。つまり、彼らの〈個人としての実存に不可分関わることになる〉最も大きな時間の枠組みは、やはり無秩序に変化して錯綜した流れをなすものの、それはマサイ民族なりの、一種の生きて変動し続ける独自の「歴史」の時間そのものなのである。

だから、マサイ人は、中世西欧の修道僧や澁澤龍彦のごとく、ユートピアの論理的な完成を志向して、自らの時間を全く別種の人工的な時間へと練り直すことを夢想したりはしない。現実に即応して変化するその「歴史」という絶えず直線的に流れ続けて止まない時間こそが、彼らの在来の理想の時間イメージなのだ。彼らにとって、ビーズの腕時計の「死んで」「存在しない」時間は、まさに中世の修道士や澁澤龍彦にとってのように「死んで」「存在しない」がゆえにこそ「理想の時間」であるような、ユートピア〈「何処にも存在しない所」〉の非在の時間では、決してあり得ないのである。

事実、英国によって植民地化されて以来、今日のケニア〈国家〉に当たる地域では、植民地政府軍との戦闘での敗北という過酷な現実を最もあっさりと潔く受け入れてしまったのが、他でもないマサイ人であった。そして、大挙して植民地政府軍の恐るべき「傭兵」として使われ、ケニアの他の諸民族に対する攻撃に手勢として参加したのだ。その時彼らは、自らの理想化された「大時間」である、変化する直線型の歴史に安んじて身を任せていたままであったのだろう——まさしく、あのマサイ・マラの、オックスフォード大学卒の高度に知的な戦士のように。

八　ユートピアとカレンジン現象

一方、円環型の年齢組体系をもつカレンジン諸民族にとっては、循環して再帰的に濃度を高めていく「大時間」こそが、社会統合のために欠くべからざる、理念的な装置だったと言える。だから、その時間のイメージが喚起する理念的な世界は、中世西欧の修道僧たちの理想であったようなユートピアの時間のイメージ、つまり機械時計の円環的な時間のイメージに、どこか親近するものだったとも言えよう。

しかし、似通う側面があるとは言え、中世西欧的なユートピアの理想ともう一つ別の彼ら独自のユートピア的理想との間に実際に存在し、また生起する矛盾や葛藤は、激しい衝突をくり返し、その矛盾や逆説は容易に打開されたりはすまい。そうしたことのゆえでもあろうか、カレンジン諸民族中でもキプシギス人に次ぐ人口を誇るナンディ人は、英国植民地政府との間で、一八九〇年から一九〇六年に及ぶ、長い抵抗戦争を実際に身を以て戦ったのである。彼らは、マサイ人のようにあっさりと潔く敗北を受け入れようとは決してせず、果敢に挑み、しぶとく抵抗を試み続けたのだ。

そして、このカレンジンの歴史物語は、「ナンディ戦争」の帰結である惨めな敗北で終わりを告げてしまったわけでは決してない。カレンジン諸民族のエリートたちは、植民地時代の終盤、一九四〇年代半ばに首都ナイロビ郊外（ギクユの町）のエリート校であるアライアンス・ハイスクールで偶々出会って、お互いの言語や文化の著しい近さに初めて気づいた。そして、彼等の魂が出合って驚き合ったのだった。中でも互いに最もよく似ていて、わずかな変異しかないと確認された重大な社会・文化的要素が、彼らカレンジンに固有の円環型の年齢組体系（人工的な大きな時間観）だったのである。

それら七つの近接し合う少数民族は、植民地化後、相互に孤立させられ、且つ周縁化されていた。だが、彼ら独自の年齢組体系が保持し続けていた、社会統合を大きく枠づける理想の時間イメージを共有している事実の発見と覚醒を梃子として、ケニア独立に先立って、急速な民族統合運動を展開し始める。その結果、一九七八年、彼らの間からケニアの第二代目の大統領、ダニエル・アラップ・モイが生まれることになった。そして、翌一九七九年には、（国勢調査等の）政府の公式文書上でも単一のカレンジン民族となった。この民族統合運動（＝超民族形成運動）は、その余りの急速な展開と目ざましい伸長振りのゆえに、「現象」（Kalenjin phenomenon）と呼ばれたほどであった。

このように、カレンジン民族の円環型年齢組体系のうちには、（西欧とは別種の）理想化された一つのユートピア的な時間のイメージが、確かに深く眠っていたのであった。

おわりに

キプシギス人を初めとするカレンジン民族の人々にとって、ビーズの腕時計は（円環的な時間を喚起する点では）いささかリダンダントな代物であるはずだ。だから、陳腐な装飾品とは言わないまでも、特に何か殊更強く関心を引かれる特別のオブジェとまでは言えなかっただろう。

他方、（「生きた時間」である、変化する独自の直線的な「歴史」を大きな時間観の柱としている）マサイ人にとっては、「死んだ」「存在しない」ユートピア的な時間を表象するビーズの腕時計は、むしろ自らの伝統とは異質な時間のイメージを深く蔵しているがゆえに、どこか不思議な魅惑に富み、且ついささか危険な香りのする、西欧文化がもたらした特別の何ものかであったのだと言えよう。

翻って西欧のユートピストたちは、（あたかも澁澤龍彦の夢想のごとく）そのマサイのビーズの腕時計に、意識的・無意識的に、自らの理想を重ね合わせて、「アフリカ最強」の勇士マサイ人伝説（神話）のロマンを読み取ろうとしてきたように思われる。しかしながら、当のマサイの人々は、植民地時代初期の昔から、知られる限りずっと変わらずに、歴史の現実を直視してさばさばと実際的に振る舞ってきたのだ。独自の伝統的な「大時間」観である（無論、直線的な）「歴史」を抱きしめながらも、その一方では、子供時代から折にふれて幾度かビーズの腕時計を左手首に纏い、時には売り物にもして戯れてもみるのだろう。あたかも、そのビーズの腕時計が、危険なユートピア思想のワクチンでもあるかのように。

《注》

（1）川村湊（一九九三：一一〇）。

（2）マサイの直線型年齢組体系は、年齢階梯制、世代組（generation set）、さらには互生的双分組（alternations）も組み込んだ複雑なシステムなのだが、この点の解明もまた、本章の論旨の明快を期す立場から、思い切って割愛する。

《参考文献》

Hollis, A. C. (1905) *The Masai, Their Language and Folklore*, London: Oxford University Press.

Huntingford, G. W. B. (1969) *The Southern Nilo-Hamites* (Ethnographic Survey of Africa, East Central Africa, Part VIII), London: International African Institute.

Kipkorir, B. E. (1973) *The Marakwet of Kenya*, Nairobi: East African Literature Bureau.

Komma, Toru (1998) "Peacemakers, Prophets, Chiefs and Warriors — Age-Set Antagonisms as a Factor of Political Change among the Kipsigis of Kenya," in Kurimoto, E. and Simons, S. (eds.) *Conflict, Age and Power in North East Africa*, Oxford: James Currey *et.al*, pp.186-205.

Matson, A. T. (1972) *Nandi Resistance to British Rule 1890-1916*, Nairobi: East African Publishing House.

Spear, Thomas & Waller, Richard (1993) *Being Maasai*, Oxford: James Currey, *et.al.*

川村　湊（一九九三）「大衆オリエンタリズムとアジア認識」、大江志乃夫他（編）『文化のなかの植民地』〔講座　近代日本と植民地　7〕、岩波書店、一〇七―一三六頁。

小馬　徹（一九九五）「西南ケニアのキプシギス人とティリキ人の入社的秘密結社と年齢組体系」、神奈川大学人文学研究所（編）『秘密社会と国家』勁草書房、二三四―二七五頁。

小馬　徹（一九九〇）「いかにして大人になるか」、『週刊朝日百科　世界の歴史　84』朝日新聞社、D-五三五―D-五三八頁。

長島信弘（一九七四）「年齢階梯制」、フランク・B・ギブニー（編）『ブリタニカ国際第百科事典　12』、ティビーエス・ブリタニカ、七二八―七三二頁。

澁澤龍彦（一九八四）『胡桃の中の世界』河出文庫。

ウィルソン、コリン（編著）（一九八二）『時間の発見』三笠書房。

第四章　走りそびれたランナーたち

イギリスのもうひとつの狙いは、カレンジン族によって頻繁に繰り返される牛泥棒をやめさせることだった。（中略）競争の場を提供し、ランニングを奨励することで、牛泥棒以外のことにエネルギーを向けさせようとしたのだ。（中略）「きみたちの勇気を、戦争ではなく、スポーツで示そう」という標語は、まさに宗主国の思惑そのものだった。(1)

はじめに

本章は、西ケニアに住むキプシギス人（のチェプタラム氏族）の或る家族、六世代の（二〇〇〇年代初めまでの）暮らしを、植民地化によってもたらされた西欧の識字的制度の一つであるカネとの関わりを支柱に、家族史として素描するものである。彼らは、「牛の民」を自認するキプシギス民族の一員として、いわば牛が諸価値の中核であり、経済や社会の次元では牛がカネでもあった時代から、資本主義に貫かれた植民地（とさらには国民国家）経済への、急激な移行過程を懸命に生き抜いてきたのである。

わけても、キプトー・アラップ・チェラムタニから彼の曾孫であるルーベン・（アラップ・）リモまでの四世代が経験した変化は、誠に著しいものであった。

一　世界記録を追う牛追い人たち

ケニアは、日本人が最もよく知っているアフリカの国の一つだろう。これといった天然資源も長年見つからなかったが、[2]かえってそれが幸いして、一九六三年末の独立以来危機的な内部紛争をほとんど経験しなかった。[3]アフリカでは稀な平和と安定が国際的な信用という「資源」となり、ケニアは西側諸国や世界銀行・ＩＭＦなどの援助や融資に長らく恵まれ続けてきた。そして、他のアフリカ諸国の自然公園に比べて規模が大きいわけでも動物が多いわけでもない、マサイ・マラなどの「野性の王国」が世界に名を馳せたのも、この新たな資源のおかげだったのである。

実はケニアには、隠れた、だが世界に冠たるもう一つの「資源」がある。続々と輩出し続ける陸上長距離走者たち（人的資源）だ。ケニアの男子陸上競技の走者たちは、一九七〇年代以来長距離走で、世界最高記録とオリンピック・世界陸上選手権・英連邦陸上競技会などの栄冠をほぼ総なめにし、半ば独占してきた。その後、傑出した女子選手も次々に生まれた。二〇〇一年一〇月のベルリン・マラソンで、高橋尚子がケニア人選手Ｔ・ロルーペのもつ世界最高記録を破って二時間十九分台に突入する大記録を樹立したのは、記憶に残る快挙だった。ところが、そのわずか一週間後のシカゴ・マラソンで、Ｃ・ンデレバがさらに五十九秒も記録を短縮してしまった。しかも、ロルーペやンデレバに続く逸材にも事欠かなかった。

世界の陸上競技の長距離界にケニア時代を切り開いて長年リードしてきたのは、カレンジンと呼ばれる民族群の人たちだった。彼らの活躍はケニアの他民族も鼓舞した。近年、層の厚みを増したケニアの選手たちは、世界各地の競技会で圧倒的な存在感を誇っている。先進諸国のみならず、国威発揚に熱心な中近東の諸国に本拠地や国籍を移した者も少なくない。彼らの力は折々に激しく炸裂して、世界を震撼させる。例えば、ケニア人選手が二〇〇二年二月のロサンゼルス・マラソンの男子一～五位、同年四月のボストン・マラソンの男子一～四位、同女子一・二位を独占した。ケニアの主要紙『ネイション』は、二〇〇一年の特集記事で、陸上長距離選手が間もなくケニア第一の「輸出品」になるだろうと、半ば真顔で報じた。彼らの稼ぎが年々増え続け、当時世界第五位の生産高を誇った随一の輸出品、茶の輸出額に迫りつつあるというのだ。その時は、「まさか?!」と読み捨てたが、それに続いた現実は筆者の予想以上のものだった。

現代のスポーツの諸相は、変貌する世界の今を端的に映し出す鋭敏な鏡でもある。十六世紀以来世界システムとなった資本主義では、ごくわずかな時間の差異が、莫大な富を生む決定的な要因だ。だから、競争競技で一〇〇分の一秒という僅差を競い合う才能が単純明快に礼賛され、求められて、選手たちは今や易々と国境を超えていく。長年その潮流の最先端を走り続ける、ケニアの長距離走者たち。彼らは、まさにグローバリゼーションの申し子というにふさわしい。

カレンジンの人々は、誰もが自分の走力にひそかな自負をもっていて、有名選手は偶々デビューする幸運に恵まれただけなのだと嘯く。自惚れや誇張はあっても、半面の真実を言い当てていよう。だが、誰もがロルーペやンデレバになれるわけではない。そして、今を盛りと躍動する走者たちへの熱い注視をよそに、ケニアの田舎の人々の姿は遠景に深く没して、ほとんど世に知られることがない。進行するグローバリゼーションの渦中を、彼らは一体どう生きているのか。本章の目的は、カレンジン諸民族中最大のキプシギス民族の人々を例として、カネとの格闘たることを免れない貧しい庶民の日々の暮らしの機微を描くことだ。その背景を理解するために、まずキプシギスの近代史を素描してみよう。

二　植民地化からケニア独立へ――まったなしの近代化

キプシギスの人々は、赤道のわずかに南、ヴィクトリア湖の東北隅に接するアフリカ大地溝帯の急峻な断崖や、その上に広がる標高一五〇〇～二〇〇〇メートルほどの高原地帯に住んでいる。

アフリカ大陸でも、地中海世界の一角を占める北海岸やダウ船交易で環インド洋世界に開けた東海岸は、古来、文明の波に洗われ続けてきた。西海岸もヨーロッパやイスラム世界との長い交渉の歴史をもつ。一四九七年には、ヴァスコ・ダ・ガマがその西海岸をさらに南下し、喜望峰を越えてインドに達した。一方、海岸部とは対照的に、内陸中央部はごく最近、つまり探検家たちがナイルの源流探しに鎬を削る十九世紀半ばまでは外部世界から完全に遮断され、（欧米には「暗黒大陸」に見えた）独自の広大な宇宙空間を形成していた。人々は無数の小さい流動的な群に分かれ、農地や放牧地や水場を求めて不断の移動を続け、到る所で自在に入り混じり合い、分散し合った。その恰好の回廊となったのが、アフリカ大地溝帯である。ことにヴィクトリア湖周辺は、形質や言語・文化の系統が違う雑多な人間集団が離合集散をくり返す、一つの「沸点」となっていた。

今日キプシギス人と呼ばれるのは、数百年をかけてこの回廊から諸集団が入り交り合う「沸点」へと入り込んだ南ナイル語系の人々が、既に大陸南東部に広く進出していたバントゥ語系の農耕民や、小柄で肌色の浅い先住狩猟採集民を逐次吸収して形成した民族集団である。この過程で、エチオピアから南下したクシュ語系の人々からは割礼や社会構造の核となる年齢組織を、東ナイル語系のマサイ人からは牛牧、戦闘法、衣装・装身具などの文化要素を受容した。キプシギス人は強力な軍団組織を誇り、（雄ライオンを一人で槍で仕留めなければ成人できないと神話化されたほど）勇猛なマサイ人を徐々に駆逐した。しかし、海岸地方からやってくる奴隷商人やカンバ人のゾウ狩りのキャラバンさえも寄せつけなかった彼らも、二十世紀初頭には、ついに英国植民地政府の銃火器の絶大な威力の前にねじ伏せられた。

植民地政府は、まず部族という西欧の概念による自他区分を強要したうえで、キプシギス人の領土と行政区画を決め、彼らを統治する彼ら自身の行政首長と、その上に立つ英国人行政官を任命した。しかも、懲罰遠征を敢行して人々を山地へと追い込み、手当たり次第に牛や山羊・羊を略奪していく。そして、人影の絶えたサヴァンナの大地を焼き払った跡地に、英国や南アフリカなどから、大量のヨーロッパ人を入植させたのだった。

その後、服従の誓約書に指紋を押捺した者には、「不法占拠人」（squatter）として白人入植地内に住むことを認め、その代わりに小屋税と人頭税を取り立て、一定の日数の強制労働を課した。さらに、（それが伝統的な経済と文化の柱であり、男性にとっては戦士時代こそが人生の華だったのだが）マサイ人などとの部族間の家畜略奪戦を犯罪視して、それを抑止するべく軍団組織を骨抜きにし、母村を離れて牛群を放牧する戦士と年長の若者たちが住む牛牧村を廃絶に追い込んだ。こうして牛牧の民キプシギス人は、「部族」の枠にはめ込まれて定住化（農牧民化）し、植民地の現金経済に急速に絡め取られていった。

植民地経済は人々の価値観を根底から洗い直した。ミッションの学校で土地の私有観念に目ざめた若者が一九二八年に始めた土地の囲い込みは、野火のごとく全土を覆い尽くす。栽培し易いトウモロコシは、シコクビエやモロコシに代わって飢饉を救ったばかりか、農園や町の労働者用の食糧となって現金収入をもたらした。一方、豊かさや「牛複合」文化の象徴として無数に飼われていた去勢牛は穀潰しと見做されて、犁耕用のわずかな頭数を残して乳牛に置き換えられた。牛が様々な価値を体現していたキプシギスの牛複合文化から牛の聖性を奪い取る、こうした経済本位の暮らしの合理化こそが、約一世紀足らずのうちに人口を十数倍に爆発させた要因なのだ。この劇的な社会変化を一言で要約すれば、「牛づくし」の暮らしから「カネが全て」の生活への切り換えであり、それは決して後戻りできない変化だった。

二十一世紀の今、子孫に細分することのできる土地はほぼ尽きたが、現金への渇望は際限がない。もともと自営業の伝統はなく、植民地化以来現金収入の望めるほぼ唯一の雇用先は政府機関だった。だから教育後進国の常として、学業が選別のほとんど単一の尺度となり、受験競争が日々緩むことなく昂進し続けた。しかし、独立後の急激な人口増加と教育部門の拡充に見合うだけの産業部門の成長は望むべくもなく、今や名門国立大学を出ても容易に職にありつけないのだが、他に縋るべき方策がない以上、人々の教育熱と教育投資への傾倒ぶりは微塵も緩む気配を見せない。しかも、膨大な教育費や医療費、交通費などの支出は別にしても、茶・砂糖・衣類などの日用雑貨を買うちょっとしたカネなしには、もう一日も生きてゆけなくなっている。

ただ、こう大まかに述べただけでは一般論の域を出ず、キプシギスの人々の暮らしや心理の細やかな襞が何も見えてはこない。では、一体どうすれば、日常生活の具体的なイメージが浮び上がってくるのか。それには、人々の日常の営みの委細を統計や経済指標に還元しないで、直に丸ごと描き出す必要がある。

一見簡単そうだが、実はこれが最も困難な仕事なのだ。というのも、田舎の庶民は、経済統計の分類上、その活動の大半を市場経済では捕捉できないインフォーマル・セクターに当たる。そして、彼らの活動の大半は、形式化されない相互行為の束からなっている。それらは、たいがい「暗黙知」となっていて意識化されず、人々もその論理を説明できない場合が多いのだ。また、世間では周知のことであっても、（賄賂など）外部には深く秘されている事柄も、決して少なくない。

そこで、一九五〇年生まれの長年の友人フランク・ロノ（仮名、以下同じ）と、彼の長男で一九七五年生まれのルーベン・リモに庶民を代表してもらおう。二人の家計の子細な検討を糸口として、人々のカネとの格闘と、暮らしに纏わる心の機微を浮き彫りにしてみたい。

三　フランク・ロノの父祖の歴史と暮らし

キプシギスの土地は一九九〇年代に、北からケリチョ県、ブレット県、ボメット県に三分された[4]。ケリチョ県は、政治経済の拠点であるケリチョの町を擁する、ケニア最大の茶の産地。ブレット県は、植民地化以来常に近代化の起点となった豊かな土地だ。だが南のボメット県は、標高が低くて降雨量が少なく、地質も茶など換金作物の栽培に向かない。殊にその西部は、最南部と同様、環境条件が厳しい。県都ボメットからも遠く、カプロイノ（仮称）のマーケットには今世紀初めまで電気もなかった。フランクは、カプロイノから約三キロメートルほどのチェムル村（仮称）に住む平均的な農牧民だが、刻苦勉励して、一九八九年以前の友人とカプロイノ・マーケットの一角に店を開いた。明るくて気さくな彼は人望が厚く、一人来、この小さなマーケットの運営委員長を務めてきた[5]。

さて、やや遠回りでも、フランクの祖父キプトー（・アラップ・チェラムタニ）がチェムル村に住みついた経緯から話を始めたい。そこから、キプシギスの社会変化の急激さが透けて見えるからである。その変化の諸相を日本の各時代に照らしてみれば、英国植民地政府の懲罰遠征と白人入植が大正初年、土地の囲い込み開始が昭和初期、そしてケニアの独立が高度成長期の初めに当たる。これらが歴史時代の経験だとすれば、文字の無かったキプシギス民族では、それ以前の出来事は何であれ、いきなり直に神話的世界に溶け込んでいるのであり、キプトーの来歴もそのほの明かりの中から説き起こされている。

1 チェプタラム氏族の歴史

（マイナ年齢組が戦士だった頃）トゥゲン人[6]のマイナ・キプソイは、南へ南へと移住して（今日のケリチョ県北部に当たる）ベルグート地方のカプソイット村で妻を得たが、妻は幾度も流産をくり返した。妻が五度目に身籠もったとき、今度も流産を予想したキプソイは、妻が屋内で分娩することを許さなかった。彼女は止むなく、（旧ブレット県の）ソスィット村の生家へと向かう。その途次、土砂降りにあって木陰に雨を避けたものの、雨は激しく、雨粒がその木の木の葉叢を透して身体をひっきりなしに打ち続ける中、俄かに産気づいて男児を産み落とした。すると、チェプタラム鳥が次々に飛来して樹冠を覆い尽くし、彼女と赤ん坊に降りかかる雨水を遮った。声も出ないほど疲れ切っていた彼女だが、やがて二人の男が傍らを通り過ぎるのを見て、着ていた皮衣を打ってその音で彼女の窮状に気づかせ、ソスィット村の母親への通報を懇願した。

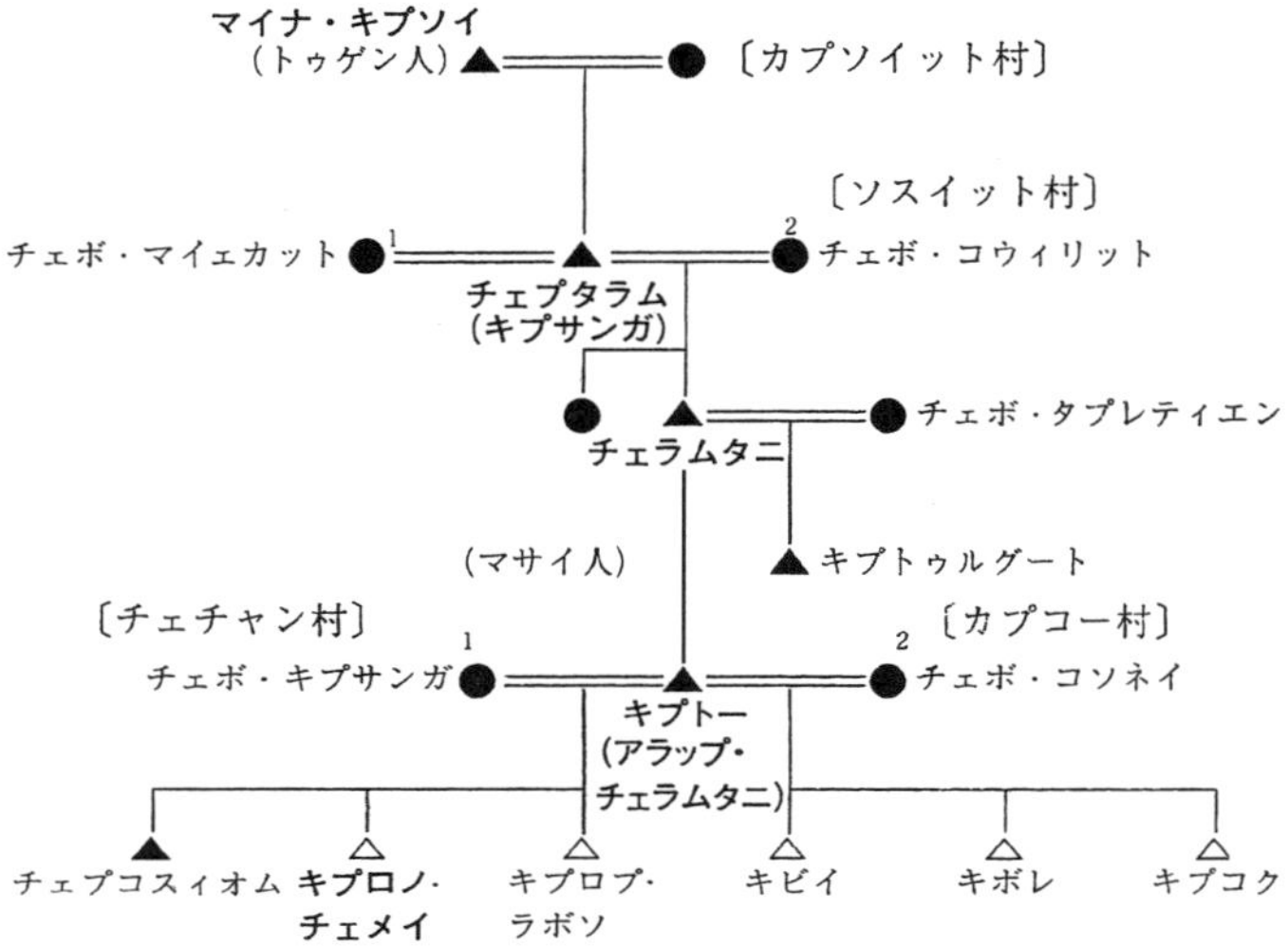

［凡例］

△男性（生存）／▲男性（死亡）
○女性（生存）／●女性（死亡）
═══ 結婚

ゴシック体の人名 ＝主要登場人物
女性を示す記号（●）に付した数字は、僚妻たちの結婚順

チェプタラム氏族の系図

駆けつけて来た母親と兄たちは、チェプタラム鳥たちが赤ん坊を冷い雨から守ったと聞くと、その出来事に因んで、赤ん坊をチェプタラムと名づけた。彼は成長しても父親の村へ戻ることを拒み、やがてカプチェプタラメック氏族の鼻祖となった。他方、カプソイット村に住んだ異母兄弟たちが、「新来者」を意味するチェプレル氏族を創った。チェプタラムは後にキプサンガ・タプロロートという新たな名前を貰い、三人の妻（チェボ・マイエカット、チェボ・コウィリット、もう一人の名前は不明）を得た。二番目の妻（チェボ・コウィリット）は息子のチェラムタニとその姉を産んだ。チェラムタニとは、「敵から牛を略奪した者」の意味で、その名をもつ祖霊が彼の誕生時に再来して彼の魂と化したことに因む名前（霊名）である。

　チェラムタニは、生後間もなく生母を失った。当時は僚妻（一人の男性の複数の妻たち）の間の嫉妬が今以上に熾烈な時代だったので、キプサンガは赤ん坊を他の妻に託すことはしなかった。チェラムタニの（一人きりの）姉の将来の夫が支払う牛（花嫁代償）を自分たちで山分けしようとして、妻たちがチェラムタニを邪術で殺すことを恐れたのだ。キプサンガは何時も赤ん坊を伴って連れ歩き、母乳の代わりに牛乳を与え、自分の乳首を吸わせて宥めた。チェラムタニは五歳まで「乳離れ」せず、キプサンガが次（四人目）の妻を迎えたときには、彼の胸がまるで女性の乳房のごとく膨らんでいたと言う。

成人したチェラムタニは六人の妻を得た。ある日彼は、友人たちと共に（ボメット県の南に接する今日のナロック県トランス・マラ亜県のンジビショップへ）マサイ人の牛を略奪に行った。当時、部族間で牛を奪い合うのはこの地域の長い伝統だった。チェラムタニたちが敵を追い払って二頭の牛を連れ帰ろうとしたとき、一人のマサイ人の女性が甲高い叫び声を挙げたので、仲間の一人が彼女を槍で突き殺した。当時チェラムタニには、まだ息子が（チェボ・タプレティエンが産んだキプトゥルグート）一人しかいなかった。彼は、死んだマサイ女性がおぶっていた赤ん坊を養取すると仲間に宣言して、「これで（手に入れた）牛が三頭になったぞ」と言って喜んだ。戦士たちに代わる代わる背負われてソスィット村に連れ帰られたマサイ人の赤ん坊は、キプトーと名づけられた。彼は、後年養取された事実を聞き知ったが、人々は生地へ舞い戻るのを恐れて真相を詳しく明かさず、クリア人かグシイ人の間から連れてきたと偽った。

キプトーには、忘れ難い少年時代の思い出があった。当時、キムグスィ（「殺し尽くす者」）と呼ばれた凄まじい家畜の疫病が蔓延して、養父チェラムタニの牛も若い雌牛一頭だけを残して死に絶えた。ある日、チェラムタニの同意を得ずに、祖父キプサンガが友人と共にこの最後に残った牛を屠殺して皮を剥ぎ、丹念に胃腸を探って吉凶を読んでいた。彼らの傍にいたキプトーは、遠くから見咎めて激怒したチェラムタニが槍を構えて二人を急襲する気配を察知して、大急ぎで警告を発した。キプサンガが危うくチェラムタニを抱き留めて、牛の内臓を見よと諭し、チェラムタニの将来の繁栄が約束されていると告げて祝福した。こうして、皆で、後顧の憂いなく最後の牛も平らげてしまった。当時、ひとえに貧富の帰趨を決すると信じられたのは、牛の略奪戦を成功に導いてくれる神の恩寵に恵まれるかどうか、ただその一事だったのだ。

2 フランク・ロノの祖父の家族

キプトーは、ニョンギ年齢組の一九〇六年に開設されたコスィゴ副年齢組の成員だった。彼は加入礼を終えて、アラップ・チェラムタニ（「チェラムタニの息子」）という型通りの父称（成人の正式名）を貰った。そして、一九〇九年頃に、まだ（婚姻資格のない）割礼前の娘、チェボ・キプサンガと駆け落ちした。異例だが、その結果彼女は婚家で緊急に割礼と加入礼を受けざるを得なかった。やがてキプトーは、二番目の妻チェボ・コソネイを迎えた。一番目の妻チェボ・キプサンガは、長男チェプコスィオム（加入礼受礼一年後に死亡）、次男キプロノ・チェメイ（フランク・ロノの父親）、三男（キプロプ・ラボソ）、ならびに二人の娘を産んだ。一方二番目の妻（チェボ・コソネイ）は、長男キビイ、次男キボレ、三男キプロク、および娘一人の母となった。

一番目の妻の二人の息子は、一九三九年から一九四五年まで英国アフリカ人小銃隊（ＫＡＲ：King's African Rifles）に加わって各地を転戦する。キプシギス人は、（カレンジン群第二の人口をもつ）近縁のナンディ人と共に、最も多くの若者をＫＡＲに入隊させた部族だったと言う。ちなみに、ケニア人はＫＡＲを「ケーヤー」と呼ぶ。

彼らがＫＡＲに入隊した直後、二番目の妻の息子たちはソスィット村に入植した白人に追い立てを食らい、（イテムベ、キプティルメントを経て）ロティックのコーヒー園内にいったん身を落ちつけた。だが、すぐに「不法占拠人」資格がないことが知れて、罰として雄牛一頭を押収されて追い払われた。そこで、キプシギス人の隣接民族の一つであるグシイ人の土地、マンガの白人入植地へ移る。だが、キビイがグシイ人の牛を略奪して間もなく、彼を匿ったかどで、ここからも家族ごと追い払われた。「英国による平和」(*Pax Britanica*) 以来、牛の略奪は、国家法によって、誇るべき武勲から恥ずべき重罪へと一変したのだが、大概の人々はまだ忠実に伝統を生きていたのである。

二番目の妻の息子たちの家族は、（旧ブレット県東部の）エムクエン地域にしばらく腰を落ちつけ、チェラムタニは一九四〇年にここで死没する。彼らはその後（さらにカプケソスィオ、キビリルを経て）、一九三七年に新しくキプシギス人に割譲されたばかりの未開地である、チェパルング森（現ボメット県西部）に分け入り、ロティックに近いカプコー丘（仮称）の一角を開墾し始めた。

一番目の妻の二人の息子は、一九四五年にＫＡＲを除隊すると、両親と二番目の妻の息子たちの消息を追ってカプコー丘に達し、近くのチェムルで森を切り開いて、両親をそこに引き取った。キプロノは、一九四七年にパスカリーナを妻に迎えた。彼らの父親キプトーは、その性狷介で、自分本位な古い気質の人物だった。彼は、息子たちが略奪してきた牛を皆、当然のように自分の牛群に加える一方、「牛の食べ物たる聖なる草を殺すな」となじって、既に盛んになっていた農耕に息子たちが携わることを酷く嫌った。一九七〇年、父親の身勝手な所業についに耐えかねたキプロプは自分の土地の全て（七エーカー）を、キプロノは約半分（一三エーカー中の七エーカー）を売り払った。[7] そして、いずれも茶が栽培できるアルダイ（ナンディ人の土地）とブレット地方のイタレに、それぞれ小さな土地を買い求めて移っていった。一方、二番目の妻の三人の息子たちは、一九九〇年二月にキプトーが没するまで、茶の栽培には不向きな現住地に留まった。

二組の異母兄弟たちの選択をこのように分けたのは、KARでの生活経験の有無だったと言う。民族社会の外に出て広い世界を見、茶・砂糖・塩などを常用する新しい暮らしを知った者にとっては、それらを贖う現金収入が得られる茶畑は、たとえどんなに狭くとも、既に不可欠の生活手段だったのだ。だからこそ彼らは、両親ばかりか、息子たちとその家族も後に残して、各々の新天地へと旅立って行ったのである。

3　土地相続を巡る兄弟たちの争い

一九九〇年、キプトーの死と同時に、息子たちの間で激しい遺産争いがもち上がったが、その焦点は、御多分に洩れず土地の相続だった。チェムル村は、郡のアシスタント・チーフの指揮のもとで幾度も「村の裁判」（あるいは「寄合い」）を開いて、円満な解決を図ろうと試みた。

「村の裁判」は、キプトーの息子たちがカプコー丘とチェムル森を切り開いた土地を全てキプトーの土地と認定して測量したうえで、慣習（家財産制）(8)に従って、まず故人の二人の妻の家で等分し、各々の取り分を三一・五エーカーとした。しかし、一番目の妻の家の権利を強硬に否定する、二番目の妻の家の主張にも幾分譲歩した。二〇年間父親の面倒をみた労苦の償いという名目で、一番目の妻の家の取り分から三・五エーカーを二番目の妻の家の三男キプコクに割き与えたのだ。さらに、占拠地を死守すると息巻く二番目の妻の家の長男キビイにも、同様の根拠で三・五エーカーを追加した。関係者たちの宥和を旨とする「村の裁判」は、粗暴な彼ら二番目の妻の二人の息子たちを宥めようと努めて、何よりもまず、家族と村の安寧を図ろうとしたのである。

一番目の妻の家の取り分は、七エーカー減って二四・五エーカーとなった。つまり、次男（キプロノ）と三男（キプロプ）が既に自家用に使っていた二〇エーカー（そのうちの一三エーカーは既に売却済み）を除くと、結局遺贈されて増えるのはわずか四・五エーカーに過ぎなかった。次男キプロノの三人の息子たち（フランクを頭に、ウェスリーとジェームズ）は、限られた土地に頼って各々の子だくさんの所帯を養わなければならなくなった。こうして「村の裁判」は、キプトーの二人の妻の家族同士の間に、容易に修復できない深い溝を刻み込んだのだった。

四　子だくさんの家族を養うカネと才覚

さて本節では、一番目の妻の家の次男キプロノの長男、フランク・ロノの家計を子細に検討してみよう。

1　フランク・ロノの家族と収入

フランク（五十一歳：二〇〇二年当時。以下同じ）には、妻フィリシタ（四十九歳）との間に三男六女があり、長女と三女、ならびに長男は既に結婚して独立していた。残る六人の子供はまだ就学していて、彼らの教育費が最大の支出なのである。でも、子供たちの将来が偏に教育にかかっていると信じていて、教育支出を惜しむつもりは毛頭ない。なお、フランク自身は学資が続かずに、小学校を七年で中退。妻の

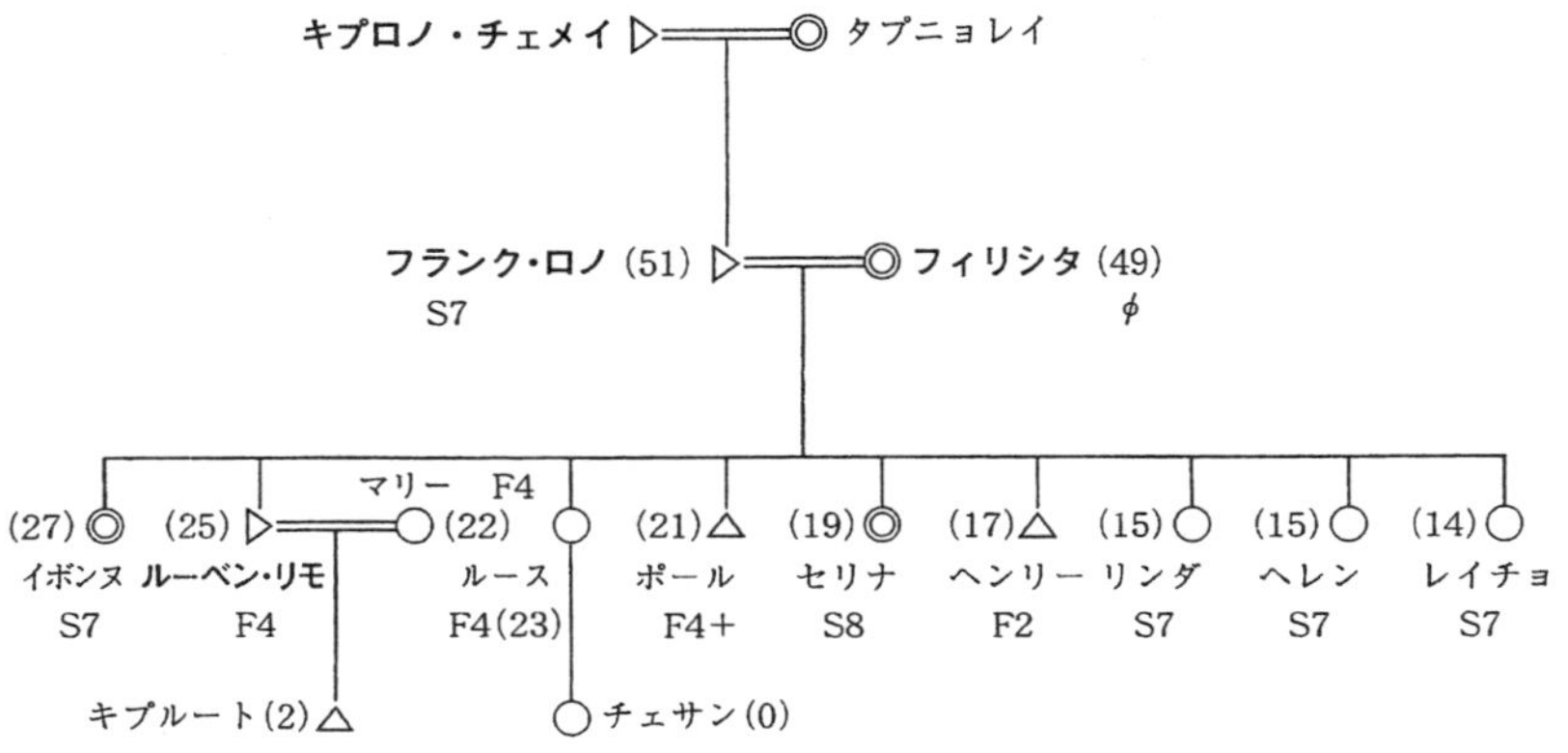

［凡例］

- ▷男性（既婚）／△男性（未婚）
- ◎女性（既婚）／○女性（未婚）
- ══　結婚
- ゴシック体の人名＝主要登場人物

最終学歴
- S　standard（小学校の学年）
- F　form（中学校の学年）
- ϕ　学校教育を受けず

フランク・ロノの家系

フィリシタは学校に行かなかった。それが当時のキプシギスの田舎の娘の常だった。

　フランクは、主に自家で飼っている四頭の乳牛から現金収入を得ていた。これら四頭はいずれも在来種とエアシャー種の混血で、産乳量は少なくない。ただし、牛は無論約一年間の授乳期間しか乳を出さないし、牧草が不足する乾季には産乳量がほぼ半減する。また健康で効率良く次々に懐胎したとしても、約九か月半の妊娠期間は乳を産出しない。だから、収入は絶えず変動して一定せず、家計の確実な予想も計画も容易に立てられない。

　絶えず不足気味の牧草を補うために、彼は外見がサトウキビに似たネピア草を半エーカー栽培している。現在、乳牛の他には、雄牛一頭と子牛三頭を飼う。フランクは、夜明けと共に起き出すと、妻と共に真先に搾乳し、それから牛に与えるネピア草を刈る。働き者の彼は原則として牧童を雇わずに、自分と家族で家畜の世話一切を切り盛りしてきた。

雨期には、彼の四頭の雌牛は平均で朝一五キログラム、夕方五キログラムほどの乳を出す――製乳会社には重さで測り売りする。朝搾りの牛乳全量を、一キログラムあたり一三シリングで、隣村カイガイのフランシス・ゴスケに売り渡す。フランシスは、近隣の人々から朝搾り分を買い集めて、二十数キロメートル先のケニア協働製乳会社（ＫＣＣ）ソティック工場に売り渡し、その生産者各人には代金を一週間後に纏めて支払う。数年前に破綻したカプシオンゴ乳産組合の役割を細々と引き受けているのだ。フランクの売上は月平均五〇〇〇シリングほどになる。

電気が使えず、保冷庫もないこの地域では、ＫＣＣの仲買人は夕方搾りの牛乳を取り扱わないので、フランクは、毎日七二〇ミリリットル壜一本分をカプロイノ中学校の出納係ベンソン・ケテルに、もう一本分を同校の教師サミュエル・キゲンに月末払いで掛け売りしている。値段は一壜あたり一〇シリングで、これで月に六〇〇シリングを稼ぐ。

彼は、牛の他に五頭の山羊と、その子供四頭を飼う。山羊は羊と違って活発な家畜なので何かと手が掛かるが、病気に強くて旺盛に繁殖し、牧草がなければ木の葉や毒草を食べて生き延びる。また、一五羽飼っている雌鶏のうち六羽が卵を産む。卵は滅多に自分たちでは食べず、金曜日ごとに立つカプロイノの青空市でほぼ全個を、一個あたり四シリングで売る。ただし、主食のトウモロコシの製粉代金を（現金代わりに）卵で支払うこともある。約六〇〇シリングが、月平均の卵の売上高。ごくおおざっぱに言えば、牛乳と卵の売上を合わせた約六二〇〇シリングが、フランクの毎月の基本収入だと考えていい。山羊の成獣は、平均一五〇〇シリングで売れ、臨時支出用の備えとして重要な家畜だ。さらに、山羊を売るほどでもない小額の臨時支出は、鶏を一羽一五〇シリングほどで売って賄う。

フランクは、主食のトウモロコシを二エーカー半の畑で自家栽培し、九〇キログラム袋で年平均一〇袋を収穫する。彼は、金繰りに困っても、決して苦し紛れにトウモロコシを売り払わない。だから、一九七九年以来、一度も小商人の高価なトウモロコシ粒を買わずに済んだ。四分の一エーカーの菜園に非結球キャベツ（ケール）、サツマイモ、ジャガイモ、サトウキビなどを自家消費用に作っていて、マーケットで野菜を買ったこともない。旱魃には、子供たちも総動員して、溜め池の水を畑に散布する。

フランクには、他にもささやかだが収入がある。彼は、或る友人と共同でカプロイノ・マーケットで安物のバタ社製の靴店を経営していたが、一九八〇年代の構造調整以来の不況の煽りをまともに受けた。青空市に出回るもっと安い輸入中古靴に押されたのだ。彼らは二〇〇一年三月に靴の商いをやめ、店をささやかなホテリ（飲食店）に衣替えした。二人の男性店員に各々二〇シリングの日当を支払ったうえで、その日の儲けの残りを折半する。それが、週に約一五〇シリングになる。

妻フィリシタが自宅で作る酸乳も、重要な収入源だ。（セネトウウェット灌木の枝の）柔らかい炭で香りづけした瓢箪の中に、生乳を三日間寝かせて発酵させた酸乳は、人々の大好物。(9)原料の牛乳を七二〇ミリリットル壜一本あたり一〇シリングで近所から買い取り、同量の酸乳を一四シリングで隣人に売る。彼女は週平均で壜一〇本分の酸乳を作り、週あたり約四〇シリングを稼ぐ。

フィリシタは、他に地ビールの発酵に使う、発芽したシコクビエ粒も商っている。シコクビエ粒を二キログラムあたり六〇シリングで買い入れ、水に浸して発芽させて、同量を八〇シリングで売る。儀礼用以外の地ビールが非合法化されて久しいが、現実には、ビールの造醸とビールを蒸留した（焼酎に似た）チャンガー酒作りが女性たちの重要な現金収入源になっている。発芽したシコクビエ粒の需要は幾らでもあり、彼女はこの仕事でも週に約四〇シリングを稼ぐ。ただし、行政首長付き警官隊の手入れがあると、しばらくの間は需要が途絶えてしまうので、その需要には不安定な面がある。

2　フランク・ロノの支出と甲斐性

それでは、フランクの支出はどうか。まず、生活必需品の恒常的な出費がある。朝はミルク・ティー、昼と夕方はウガリ（トウモロコシ粉を熱湯で固く練ったもの）とケールの塩煮がお定まりの食事だ。トウモロコシ・牛乳・ケールを自給すれば、大して金はいらない。それでも、砂糖（五二シリング／一キログラム）、塩（八シリング／五〇〇グラム）、茶葉（四〇シリング／二〇〇グラム）、棒石鹸（一本三五シリング）、他に料理用脂などはどうしても買わざるを得ない。

そこで、試しに二〇〇一年九月一七日から二三日までの一週間の収支を見てみよう。この間の売上は、以下のように合計一五一八シリングである。

牛乳	986
卵	152
酸乳	40
発芽したシコクビエ粒	40
雌鶏1羽	160
飲食店の利益	140
合計	1,518

（単位：シリング）

一方、同期間の支出は、次の通り、合計四八六シリングだった。

砂　糖 2 kg	104
塩 500 g	8
茶葉 200 g	40
棒石鹸 1本	35
トウモロコシ製粉 16 kg 2回	80
ボールペン 3本	24
ノート 32頁綴 6冊	30
衣　服 1枚	150
搾乳用 ローション 1壜	15
合計	486

（単位：シリング）

搾乳用ローションは安価で、肌の乾燥を防ぐボディ・ローションとしても使う。衣服（二四日購入）は、フィリシタが二学期に学校に出掛ける際の晴れ着。この代金一五〇シリングは同日雌鶏を一六〇シリングで売って調達した。この一週間の収支は一〇七七シリングの黒字で、全額貯蓄に回した。他に、月額六〇〇シリングの掛け売りの牛乳の稼ぎがある。仮に週平均の剰余を一一〇〇シリングとすれば、単純計算では毎月約五四〇〇シリング、一年で約六万四五〇〇シリングの黒字が出る計算になる。しかし次に見るように、他の大きな出費が控えていて、実情は絶対的な赤字なのである。

まず、主食のトウモロコシ栽培のための恒常的な支出がある。トウモロコシはたいがい一期作で、順調なら一一月前後に始まる大雨季の訪れと共に種を蒔く。病虫害に強く収量も多いハイブリッド（F1）の種の購入代金が、一エーカー（つまり一〇キログラム）あたり一五〇〇シリング。北ケニアの大農場地帯から賃稼ぎに、この時期にカプロイノに集まってくるトラクターに畑を犂き起こしてもらうと、代金が一エーカーあたり一五〇〇シリングかかる。フランクの二エーカー半のトウモロコシ畑では、両方で年に都合七五〇〇シリングの出費になる。代わりに、去勢牛による犂耕を頼めば一エーカーあたり八〇〇シリングで済むが、土の犂き起こしが浅くて、必ず収量に響いてしまうことになる。

なんと言っても大きいのが教育費だ。特に中等・高等教育の出費は、細々とした雑費とは桁が違う(10)。

二〇〇一年八月現在、フランクの末娘レイチョ、その上の双子の姉のリンダとヘレンの三人がカイガイ小学校の第七学年に、またフランクの弟ウェスリーの息子ジョンが第三学年にいる。末娘レイチョは一九九四年に出来たばかりのこの地方最初の私立校、カプロイノ町小学校に入学したものの学資が続かず、一九九八年にカイガイ小学校五年生に転入することになった。それ以前の少人数教育の効果か姉たちよりも成績優秀で、五年生を落第した二人と同学年になってしまった。だが、二〇〇〇年には三人とも揃って落第して、二〇〇一年は七年生をやり直した。ジョンは、二〇〇〇年一二月、飢饉の盛りに実家を逃れてフランクの家に身を寄せ、それ以来居ついて、家畜の世話をしている。

ケニアの公的な小学校教育は建前として無償だが、実情にはほど遠い。カイガイ小学校は、生徒一人あたり年六〇シリングの「活動費」と、同額の夜警費を徴収する。さらにフランクは、三つの学期ごとに、娘一人あたり四五シリングとジョンの一五シリングの模擬試験代を支払う。制服は、毎年娘たちにスカート（一五〇シリング）各一枚、ジョンに半ズボン（一二〇シリング）一本、四人にシャツ（八〇シリング）各々数枚を、最低限買う必要がある。それでもカイガイ小学校は揃いの靴を強制的に履かせないので、フランクは大助かりなのだ。また一学期ごとに、娘たちは一人あたりノート（五シリング）九冊とボールペン（八シリング）二本、ジョンはノート五冊と鉛筆（二・五シリング）二本を使う。

次男ポールと三男ヘンリーは共に成績優秀で、小学校卒業後、いずれも全国の上位一〇〇校に入る遠方の全寮制の学校に進学した。ヘンリーは、カソリック教会立で中学校に相当するナクル県のモロ年少神学校の二年生。二〇〇一年の三つの学期の学費は各一万四五〇〇シリング、一万二〇〇〇シリング、八五〇〇シリングで、他にコンピュータ施設費五〇〇〇シリングが要った。また、各学期初めには、モロまでの乗合自動車代金二二〇シリング、靴代四五〇シリング、文房具代一六〇シリングなどが欠かせない。

ポールは、ブレット県ジャムジの公立カビアンガ高校（現在ケニアには高校はなく、実際の地位は中学校）を二〇〇〇年に卒業した。公立校で政府の援助があり、総学費は年額二万八〇〇〇シリング程度で済んだ。ポールは全国一斉の中等教育資格試験（KCSE：Kenya Certificate of Secondary Education）でB、つまり大学に進めるだけの総合成績を得た。ただし、次の事情で、二〇〇一年は一年余の待機期間に当たり、家にいた。ケニアは一九八五年に、学制を七・四・二・三制（各々、小中高校、大学の修業年数）から八・四・四制（各々、小中学校、大学の修業年数）に切り換えた。高校卒業者に入学優先権を与える移行措置と、大学の収容能力の絶対的な不足が災いして、同年から、中学卒業者が大学入学まで一年九か月間自宅待機することになったのである。

ただ、ポールの自宅待機は、フランクにとっては幸いだった。ヘンリーの学費は月々の貯蓄でどうにか賄い、学期初めの雑費は山羊一頭（一五〇〇シリング）を売った金を充てた。しかし、二〇〇一年九月のポールの国立大学進学時の費用（学費年額五万三〇〇〇シリングを含めて、約六万シリング）は、ハランべー（*harambee*）に訴える他なかった。ハランベーとは、独立以来ケニアの「アフリカ社会主義」の象徴となっている惹句で、わずかな金品を持ち寄って人々が大きな目標を達成しようとする精神や、それに則って行う募金集会を意味し、キプシギス社会では学資調達を目的として、至る所で絶えず頻繁に実施されている。ただし、その成否は主催者の交際範囲と人望が大きく左右する。フランクの日頃の献身による信用と人脈が生きるのは、実にこの機会だ。八月半ばの彼の募金集会は、五万シリング以上の献金を集めて人々を驚かせ、しばらくの間頻繁に近所の人々の口の端に上って話題を提供した。

五　土地も職もない若者たちの世紀

フランクの三人の息子たちの世代の人生は、親の世代よりもさらに苛酷なものになった。急増する中学卒業者には、まずほとんどちゃんとした就職口がなく、親の土地は既に細分の余地が乏しい。では彼らは、いったいどのように家計をやりくりしているのだろうか。この節では、平均的な中学卒業者の一人である、フランクの長男ルーベン・リモ（仮称）の世帯の経験を具体的に検討してみよう。

1　ルーベン・リモの職探しと結婚

ルーベンは、一九九四年一一月カプロイノ中学校を卒業。一九九五年二月に発表されたＫＣＳＥの成績はC⁻で、大学への進学には全く不十分だった。他方、就職への道も険しかった。まず、親戚の軍の大物への口利きを騙るカプロイノ小学校の女教師に、金を二度も掠め取られた。次に、彼の成績でも十分に資格がある警察官・行政警察官・農務官などの求人に応募して、借り物の自転車で数時間がかりの県都ボメットへ、度々面接試験に出向いた。だが、ほとんどが未舗装の道を行きあぐねる長途の移動に疲れ果て、また名目だけの試験だったり、法外な賄賂を要求されたりして、毎回煮え湯を飲まされ続けてきた。

一九九五年四月、父親フランクの口利きで、幸いに地元カイガイ小学校のＰＴＡ雇い教師の職を得る。英語、地歴・公民、スワヒリ語、職業教育の四教科を上級生に週四十八時間も教える激務だった。初任給は月四〇〇シリングという超薄給。それでも、その後ほぼ二か月ごとに五〇〇シリング、八〇〇シリング、一〇〇〇シリング、一二〇〇シリングと昇給した。教科の専門知識の多寡はともかく、彼の熱意とそれに応えて彼に寄せる生徒の厚い信頼が、年度末の学力試験の見事な成果（区全体で職業教育一位、地歴・公民二位、英語三位）に繋がった。ところが一九九六年一月、旱魃の経済的打撃を理由に、父兄は彼の給金を一シリングたりとも支払おうとはしなかった。

深く失望したルーベンだが、間もなく自らの才覚で、郡の人口登録官への道を切り拓いた。同年一月末、郡ごとに二人を追加任用するための面接試験が、ボメット県令（官選知事）の手で実施された。数百名の応募者が殺到したものの、実際、面接は例によって有名無実だった。ルーベンは、延々と順番を待った後、一枚の書類に出身の郡と名前を書くだけで即刻退席させられてしまったのだ。三日後に区（県と郡の中間の行政単位）役所の掲示板に掲げられた合格者名簿に、彼の名前は無論なかった。だが彼は、目敏くその内容に奇妙な事実を発見した。四郡計八名の合格者のうち、区内出身者が二名だけなのだ。ルーベンが他民族出身の区長に面会を求めて、この事実を鋭く指摘すると、区長はすぐにボメットの県令に会いに出掛けた。翌朝、トランス・マラ県からの応募者一名の名前をルーベンに置き換えた、合格者名簿の訂正版が張り出されたのである。

一九九六年二月、彼はかくして人口登録官になった。契約書には、月々給料二八七〇シリング、住宅手当一一一〇シリング、医療費四九五シリングが支払われるが、純粋に二年間の臨時雇いである旨明記されていた。在宅通勤ができ、身体頑健なルーベンには、それでもなお、四四七五シリングの月給を得るに等しい、願ってもない好条件だった。

一九九九年一月末、二十四歳のルーベンは、六日前に中学校を卒業したばかりのマリーと結婚した。長男の常で結婚が待望されていたし、今や歴とした官吏でもあり、祝福された結婚だった。新婚の二人は、二〇〇〇年二月初めまで父親フランクの家に同居した後、人類学でいう「新居住」(neolocality) 制の伝統に則って独立した。フランクには父祖伝来の土地以外に、一九七〇年に父の弟キプロプから分割払いで購入した三エーカーの土地が近くにあった。[7] 彼は、自分がトウモロコシを植える〇・四エーカーを除いて、この土地の使用権を独立したルーベンに譲ったのだ。

結婚後の最初の仕事は、土壁トタン葺で二四×一四フィートの方形の母屋（近代的な形式の住居）と、円筒型土壁に円錐形の草屋根を葺いた台所の建設だった。母屋の建設費用は、大略次の通り。細柱の間に渡す横木材などはフランクの土地に植えてある立木の糸杉の枝を切って充て、壁は村の成人女性が総出（慣習的な労働交換）で塗ってくれた。だが、手伝いの食費を除いても、総額四万九四六九シリング（俸給十七か月分余、所得の十一か月分相当）の大きな出費だった。

そこでルーベンは、給与を前借りして費用を調達する。以後二〇か月間、毎月二五〇〇シリングが俸給から天引きとなった。フランクが手伝いのためにルーベン家に住まわせた、フランクの末娘レイチョの生

トタン波板 24 枚	8,160
トタン棟板 12 枚	1,440
細柱材 84 本	1,640
屋根・戸口・窓等の枠	10,084
天井板 12 枚	4,320
ドア 2 枚	1,800
木窓 4 枚	1,280
釘 27 kg	1,745
床用セメント 50 kg 6 袋	3,300
床用砂	2,600
床用砂利	800
セメント・砂・砂利運搬料	900
大工手間賃	4,200
石工手間賃	1,200
台所用葺草 18「背中」	900
その他の台所建設費用	6,000
合計	49,469

（単位：シリング）

活費と学費は、これ以後ルーベンもちになった。それでも、月々二〇〇〇シリング近い手取りがまだあり、月給取りの「特権」でカプロイノのマーケットのチェボスの店で月末払いで何でも買え、月末になお一〇〇シリング前後の現金が手元に残った。

しかし、二〇〇〇年九月中旬に、ルーベンが前触れもなく突然解雇されると、生活が一変した。失職は、息子キプルートの誕生後わずか四日目のことゆえ、種々の買うべき品物があった。イボンヌとセリナ（既婚の姉妹）、母親フィリシタ、それに妻の母親ベスが、代わる代わる十人余りの隣人や教会関係の知人たちを引き連れて祝福に訪れた。そして客の銘々が、赤ん坊用のタオル、ナプキン、下着などの品物と二〇シリング程度の現金を贈って、夫婦を助けてくれたのだった。

2　再雇用の夢と現実

ルーベンがほっと一息つき、将来に新たな希望を見出したのは、二〇〇〇年一一月末に（前借りの返済残高一万四二〇〇シリングなどを差し引いた）額面九万八〇〇〇シリングの解雇手当てを受け取ったときである。まず、結婚後初めて妻に彼女の衣服代二〇〇〇シリングを手渡した後、各々一万五〇〇〇シリング、一万四二〇〇シリング、五〇〇〇シリング、三六〇〇シリングで四頭の雌牛を買った。これで雌牛は一気に五頭に増えた。次に、チエムンガバイト（新婦の加入礼の面倒をみた儀礼的母親〔マリーの場合は実母〕に新郎が贈る牛）の相当額、三七〇〇シリングを支払った。そして、残金で一万七〇〇〇シリングの電気溶接器と一万五〇〇〇シリングの充電器を買った。政治家たちが、二〇〇〇年一二月中にカプロイノ・マーケットに電気が届くと確約していたので、溶接と充電のサーヴィスを始めるまたとない好機だと、果敢に判断した結果だ。ところが、二〇〇一年一月になっても電気は来なかったし、買い入れた四頭の雌牛もすぐには出産して乳を出すことがない。ルーベンは、母親が毎日無料で譲ってくれるビール壜一本半の牛乳のほぼ全量を生後四か月のキプルートに与え、夫婦は砂糖なしの薄いミルク・ティーを啜った。彼が最も難儀したのは、息子の深海鮫肝油（免疫薬）や各種の薬の代金の確保だった。カプロイノ保健所には麻疹やポリオなどのワクチンがなく、遥か遠方のカプロングのカソリック立病院での有料の接種を指示されたとき、交通費もない惨めさが身に沁みた(10)。

間もなく、牧草不足で牛たちが飢え始めた。出産二か月前の最良の雌牛は、命を確保するべく牧草を求めて、「預け牛」（*kimanakai*）として隣人に託した。ただし、「預け牛」の乳は全て預かり手が使うのが決まりの慣行だ。また、残る三頭の雌牛のためには、約二キロメートル先に、草地を月額三〇〇シリングで借りた。

そして、ついに賃仕事に従う決意をした彼は、さらに、ミベイ村に住む元級友のウィリアムを月給四〇〇シリングで牛飼に雇った。出産間もないマリーには、遠方の草地との往来は無理だったからだ。

父親フランクの口利きで、ルーベンは、二〇〇一年二月から約五〇キロメートル離れたブレット県（当時）の県都リテインの卸の万屋で、人夫の一人として働き始めた。店はカプロイノ郡の地方政治家Mの経営で、ルーベンの仕事は、客が買った品物を店から五〇〇メートルほど先の乗合自動車の溜まり場まで届けること。Mの店は繁盛していて、五〇キログラム詰三袋の荷を一度に一輪車に積んで運ぶ作業が、昼食抜きで夕方七時の閉店まで間断なく続いた。すぐに全身の骨が軋み出し、筋肉が悲鳴を挙げた。広い店内に散乱した品物を棚に戻し、五〇メートルほど先の倉庫から商品を補充し終えると、夜一〇時にはなる。それから八人の店員は、店主Mが近くに借りた二人一部屋の塒に帰って一緒に夕飯を作った。ルーベンがその内の一人である三人の人夫は、毎朝五時に叩き起こされ、待ち受けたトラックから千袋ほどの満載された荷を降ろして、倉庫に運び入れる。すると、もう次の車が到着した。毎週土曜日の夜、一台のトラックがルーベンらカプロイノ近辺出身の店員を同乗させて、リテインから店主Mの家と店があるカプロイノに向かう。車は次の月曜日の明け方にカプロイノを発って、早朝リテインに戻り着いた。

最初の土曜日の夜、ルーベンはもうリテインに戻らないと妻に言い放った。だが、他に生計を立てるべき道がないと妻に諭されて、翻意するしかなかった。二週目の半ば、公務員のムイト貯蓄信用組合から、解職までの積立金一万三七〇〇シリングを隣県の県都ケリチョ支部で払い戻すと連絡があり、半日暇を貰って、一六日の金曜日にその手続きをした。ようやく、牢獄から解き放されるときが来たのだ！

翌日は忙しく、大量の荷の積み込みにも手間どって、出発が夜の一一時半に延びたが、ルーベンは深い解放感に酔っていた——一万三七〇〇シリングの現金は、ボメット県の都ボメットの町に店を借りて溶接と充電の仕事を始める資金に十分だ。リテインで家政婦をしているテバタイ村のムタイの娘ジョイスは両親のために蓄えた二〇〇〇シリングを、またカイガイ村のボレは家族に買った新品の蚊帳を各々、帰郷するルーベンに託した。しかし、ルーベンはそれ以上の手土産を妻に持ち帰ることができるのだ！

二十五分後、六人を乗せた車は、幹線道路をKCCソティック工場の側に折れ、チェメテット川の橋を渡って、長い急な上り坂にのろのろと差しかかった。すると、道を塞いでいた一台の大型トラックの下から六人の男が飛び出してきた。彼らはピストルで脅し、五人を一人ずつ引きずり出して地面にうつ伏せに寝かせ、ポケットと靴下の中を手荒く確かめた。賊の一人は、車内のカバンを集めて回った。ルーベンは、現金と衣類と大切なカシオの腕時計を奪われた。グズグズした運転助手は後頭部を鈍器で殴られ、耳から激しく血を流した。六人の内の五人は、うつ伏せのまま二列に重なれと命じられ、二人の下になったルーベンは苦痛の中で死を覚悟した。その時、車輪の陰に潜んでいたコロル（六人の内の他のもう一人）がそっと這い出して一気に坂を走り下り、ソティックT字路へ出ると、そこで交通規制中の警官隊に事件を通報した。彼の勇気と機転と駿足が、一行の命を救った。だがルーベンは、月給三〇〇〇シリングの牢獄から抜け出すという夢を、金や衣類もろとも賊に奪い去られてしまったのである。

ルーベンの我慢は、さらにもう一か月が限度だった。四月七日、彼はついに意を決して店を辞め、チェムル村に帰った。そして妻に、ボメットの町で溶接と充電の仕事を始める資金作りのために、五〇〇〇シリングと三六〇〇シリングで買った二頭の雌牛を売り払うと言った。じっと聞いていた妻は、出産目前だった「預け牛」が三日前に死んだという悲報を静かに告げた。一方、それをじっと聞いていた妻は、二頭の雌牛は合計一万七〇〇シリングで売れ、ボメットに行って二五〇〇シリングで店を借り、七〇〇〇シリングの前金を電気公社に払いこんだ。店番にはチェムル村のチェルルレを雇い、実際の手仕事は別に雇ったルオ人のオピヨに任せた。だが県都ボメットでは、競争が実に激しい。店は、月に一〇〇シリングの純益が上がるかどうかの酷い営業状態が続いた。

3　見果てぬ夢の後先

ルーベンは、その後も手を拱いてはいなかった。六月一二日の朝、カプロイノの飲食店の片隅にあった『スタンダード』紙の公告記事が、ふと目に留まった。アラブ首長国連邦の外洋船乗組員を募っている。八時間労働二週間で報酬が五万三〇四〇シリング、諸手当六〇〇〇シリング、さらに往復の航空旅費支給のうえ医療費が無料！　信じ難いほどの良い雇用条件だ。俸給の有無が人々を天国と地獄に截然と分け隔てる。彼の脳裏に、官僚時代の「大樹の陰」の甘い夢が俄かに蘇ってきた。

募集人員は五万人と膨大で、登録料三〇〇〇シリング、健康診断費用四五〇〇シリング、旅券代金二〇四〇シリング、都合九五四〇シリングが要るとわかってもルーベンは躊躇わず、即座に応募を決めた。必要経費は、自分の二頭の雌牛のうちで授乳中の一頭を子牛ごと一万八〇〇〇シリングで売って作った。当然、収入源の牛乳を失った夫婦は、即座に暮らしに窮した。主食も、伝統的なウガリ（トウモロコシ粉を熱湯で堅く練ったもの）に代わって農耕民ギクユ人の伝統食として知られるギデリ（豆とトウモロコシ粒の混ぜ煮）が増え、もともと稀な肉は全く出なくなった。

暮らしがようやく上向いたのは、ただ一頭手元に残った雌牛が出産して乳を出し始めた、二〇〇一年八月初めからだ。自家消費分以外の牛乳五壜（三・六リットル）分は、村で牛乳商いを始めた姉のイボンヌが、毎日五〇シリング（前払い）で買ってくれた。それでも、月々の支出が（約一六〇〇シリングの）収入を二〇〇～三〇〇シリング上回っていた。

二〇〇一年六月二七日早朝、ルーベンは友人のキプスゲとナイロビに出掛け、当該の外洋船乗組員募集の五つの代理店のうちの一つ、ワベラ通りのマダムP事務所に出向いて応募した。七月三〇日に再び上京、合格とアラブ首長国連邦への出発日（二〇〇一年一〇月一日）を通知された。労働省からの証明書を得て旅券を申請するために、さらに八月二〇日と九月九日の二度上京し、しかも弁護士の署名を貰うために、九月九日から労働省の窓口に一週間通いつめた。だが三週間後に、添付した出生登録証の押印が不鮮明で受理できない旨の書簡が届く。また上京して労働省で出生登録証を回収し、出生登録事務所に再発行を依頼したところ、それは登録記録があるボメットの事務所の管轄だと退けられた。止むなく、上京時の習いとして、ソウェトに一人で住んでいるチェムル村出身の老コック、ボイットの所で一泊させて貰い、翌早朝バスに飛び乗った。車が、途中、ナクルの町で故障。修理に手間取り、ボメットに着いたのはようやく夕方。自宅に一泊して、翌日ボメットに出直して、やっと出生登録証を再入手できた。その翌日にはまたナイロビへとって返したものの、慌てていたおかげで身分証明書を家に置き忘れ、翌早暁には、またナイロビでバスに飛び乗ってチェムル村（ボメット方面）へと向かっていた。

既に或る日刊紙には、件の外洋船乗組員募集は全く非現実的だとする、欧米の船会社による警告記事が載っていた。妻マリーは、カプロイノ郡で広まっている、応募者が奴隷に売られるのだという噂話を引き、無駄金ももう目一杯使ったはずだとルーベンを諫めた。だが彼は聞き入れず、あくる朝またもナイロビに向って旅券申請を終えた。女性係官アリスは、登録番号獲得を促進する賂に一〇〇〇シリングを求めたが、彼は五〇〇シリングで話を纏め、機嫌良く村に戻ってきた。

その三週間後に上京すると、アリスは何処かに転勤していたが、掲示板にルーベンの登録番号が掲示されていて、別の係官が、一週間以内に旅券を発行すると告げた。彼は一時帰郷をせずに、郊外のボイット宅に寄宿する決意をした。ナイロビに一日滞在すれば、都心と郊外のソウェト間を往復する交通費四〇シリング、昼食のギデリ二〇シリングとケールの煮物一〇シリング、牛乳半リットル一〇シリング、それに明かり取りの灯油代一〇シリングの、最低九〇シリングは要る。だが、宿と朝夕の食事を供してくれるボイットのお陰で、一週間分の滞在費六三〇シリングは、バス代だけでも七〇〇シリングも掛かる、村との往復費用をずっと下回るはずだった。

ルーベンは、その後毎朝ソウェトから労働省（ニャヨ・ハウス）に通った。そこで出会う「将来の同僚」たちの誰もが、職を恵んでくれることのなかったケニアを去った後の暮らしへの思いを、つまり一か月後にはいかに豊かになれるかを飽きずに口々に語り合った。飛行機に乗れることを素朴に喜ぶ者、小型バス用の車を持ち帰って起業する夢を描く者、二度と帰国なぞするものかと断言する者など様々で、富者となって夫を得る希望を語る女性もいた。旅券の発給が延びても、誰も不安を感じていなかった。夢がそれを凌駕していた。だが、虚しく一週間が経ち、気がつくとルーベンが携えてきた三七〇〇シリングも底を突いて、もう帰郷するバス代すら残っていなかった。

そんな時、ソリノックス・ハウスで日用品などの日雇い販売員を募集しているのを、キプスゲが聞きつけてきた。二人は大急ぎで面接の列に並び、首尾よく採用された。毎朝八時から二時間、個々の商品の販売方法と客扱いの訓練を受けた後、身分証明証を店に預けて、各人が何か一つの商品を売りに街頭に飛び出していく。そして夕方、売上の三〇パーセントを受け取るのだ。ルーベンは、ヒュンダイの車や冷蔵庫などの景品が当たる抽選券を売ろうと決めた。客の八割は話を聞いてくれたが、長広舌が祟って喉が渇き、日に日に声が嗄れてきた。五〇シリングの券を日に平均三枚売るのがやっと。バス代を節約して遠路徒歩で店まで通っても、稼ぎは生活費を下回った。

一週間後の一一月二二日、ようやく旅券がおりた。小雨季がもう何時始まってもおかしくない頃だった。ああ、帰郷してトウモロコシを蒔く準備を急がねばならない！　我に返ったとき、もう金は尽き果て、仏のボイットも月末までは手持ちがない。思い余ったルーベンは、翌朝思い切り早く起き出して、国会議事堂で地元選出の国会議員モソニックを待ちうけ、帰郷の旅費四五〇シリングを貸すか地元へ戻る自動車に同乗させてほしいと懇願した。モソニックは、帰郷予定の二四日まで待てと鷹揚に言い、それまでの塒と食事を提供してくれた。

モソニックは、二五日に地元でハランベー募金集会を開く。ルーベンは、それを告知するラジオ放送（キスム局の地方番組）短報の案文を添削してからケニア放送協会スワヒリ語部にそれを届けて料金を支払う仕事を頼まれた。概して、キプシギス人は母語とは系統が違うスワヒリ語が不得意だが、ルーベンは苦にしない。料金は、一語あたり三〇シリングで、計二〇〇〇シリング弱の予想だった。だが彼は、原文を要領よく二四語七二〇シリングに切り詰め、カレンジン語放送分の四〇五シリング込みでも一一二五シリングであげた。思い掛けず八七五シリングもの釣りを返されたモソニックは、一驚した。

予定通りに地元に戻ったモソニックは、すぐにフランクに会って、息子のルーベンを私設秘書に雇う同意を取りつけた。こうして一一月二七日から、ルーベンの国会議員私設秘書生活が始まった。彼は、モソニックの日々の行動計画を立て、日誌をつけた。演説やハランベーの集会日の朝はいつも、モソニックから五〇シリング札（最も低額の紙幣）を七〇枚ほど手渡されたが、殺到する群衆に適当にそれを配って満足させるのは容易な仕事ではなかった。ケチだとか、猫ババするなとか、車の中にふん反り返っているお前だけが奴を国会議員の席に着けたんじゃないぞとか、ルーベンはあらゆる悪態をつかれ、罵声を浴びせられた。しかも、食事代はモソニックもちだが、一日の終わりに幾枚かの五〇シリング札が残ったときにだけ、その一枚を貰えた。悪罵や中傷は耐えがたく、アラブ首長国連邦に旅立つまでの職を得たという期待も裏切られて、ルーベンは一〇日後に仕事をやめた。

だが、首長国連邦への旅立ちはさらに幾度も延期され、二〇〇二年に入っても先が見えなかった。会社側は何時も、応募者が予定の五万人にまだ達しないからだと説明した。ルーベンは、既にどれだけの金と時間を、また心血を注ぎ込んできたことか。労働大臣が首長国連邦の後ろ楯を得ていると保証した事業だったが、誰の目にも、もう見切りをつけるのが賢明だった。

4　世間を生き抜く

もうおわかりの通り、ルーベンは正直者だが、決して愚直ではない。ハランベー学校と呼ばれる、住民の合力で運営される田舎の底辺の中学校出身で、（それゆえに教師も機材も貧弱な）理数系が弱かったから、中学卒業認定試験（ＫＣＳＥ）の成績はC^-と振るわなかった。だが機を見るに誠に敏で、世間を生き抜く利発さは類がない。彼の世智が、実際に間もなく、ちょっとした好機を再び呼び込んだ。

二〇〇二年一月二四日の朝、顔見知りのカイガイ小学校校長マイケル・チュモが、ルーベンを訪ねてきた。二〇〇〇年一二月に中学校を終えた彼の娘テレサが、二月四日から三月五日までの一か月実施される国政選挙の臨時登録官募集に応募するのだが、締切日の今日中に、応募書類を急いでボメット県庁に届けてほしいというのだ。往復の旅費二〇〇シリング、昼食代一〇〇シリングを出すという条件だから、数十シリングは浮く。ルーベンには有り難い話だった。

出願の遅れにはわけがあった。テレサには、キプシギス三県（当時）随一の名門女子中学時代の同級生で、ソイン村に住むエレナという親友がいる。エレナは、カプロイノ郡在住のボメット県官吏である父親からの情報で、二週間前に早々と出願を済ませていた。二人はＫＣＳＥで共にB^-という、大学進学は無理でも、カプロイノ地方の女生徒には稀な良い成績を収めた好敵手同士でもあった。それでも二人は、卒業以来ずっと就職できなかった。そこで、応募地域が違って競合しないにも拘らず、エレナはこの件をテレサには内緒にしていたのだ。

マイケルがルーベンに依頼したのは、たんに所定の手続きだけではない。彼は、テレサの就職を保証できる人物との接触を頼んだのだ。ルーベンはボメットで県選挙調整官代理のサン氏に会ってテレサの応募書類を手渡し、然るべき手だてを率直に尋ねた。サン氏も、端的に三〇〇〇シリングを要求した。だが、ルーベンは断った。前回一九九七年の国政選挙時の実績に照らすと、三〇〇〇シリングは臨時登録官の一か月間分の報酬の半分に当たる高額だからだ。サン氏は、一九九七年に二〇〇シリングだった日当が二〇〇一年には五〇〇シリングに増額されたと言い、関係書類を示した。事実、ケニア・シリングの値下がりによる購買力の低下を補うために、公務員給与が二〇〇一年以来大幅に改善されていた。ルーベンは納得したが、賂を二〇〇〇シリングに値切り、採用者名簿の公示当日、事前にテレサの名前を確認したうえで支払うことで合意した。

当日ルーベンは、マイケルから預かった二〇〇〇シリングに自分の一〇〇〇シリングを足して、三〇〇〇シリングをサン氏に手渡した。そして、自分は失職中の中卒だが、二〇〇〇年半ばまで人口登録官として働いていたことを告げ、応募してはいないが自分も採用してもらえないかと頼んだ。サン氏は、即座に同意した。実際、採用者名簿のカイガイ村の欄にはルーベンの、地元の応募者がなかった遠方のマガス村の欄にはテレサの名前があった。一方、エレナの名前はソイン村だけでなく、他のどの村の欄にも載らなかった。この対照的な事実が、マイケルを有頂天にした。

知人ジョー・センダが店番をする、カイガイ村の通りに面した小さなキオスクが、五つの村からなるカイガイ地区選挙人登録事務所として借り上げられた。仕事量はわずかで、期間後半は閑散としていた。ところが、一か月では短か過ぎるという野党の批判をいれて、登録期間が全国的に二週間（三月六日～一九日）延長された。だから臨時登録官に選ばれたルーベンは、書類整理に充てる三月二〇日を含めたその日までの計四十五日間で、総額二万二五〇〇シリングの報酬を得ることになった。

皮肉にも、ルーベンには贅沢な悩みが生まれた。実は、三月六日から一か月間、或る外国のＮＰＯの手伝いをする手筈になっていたのだ。この仕事の日当は三〇〇シリングだが、万端が快適で、しかも様々な最新の情報や知識が得られて有益だった。ルーベンは一計を案じて、ジョー・センダを自分の選挙人登録職の代理に雇った。実際、もう業務はないに等しかった。それに暇をたっぷり持て余していたジョーは、時々遊びにきて勝手にルーベンを手伝い、あらかた仕事を覚えてしまっていたのだ。日当の希望額を尋ねられて、ジョーは五〇シリングなら嬉しいと答えた。ルーベンは、さらに新規登録なら五〇シリング、選挙区変更登録は三〇シリング、登録カード再発行でも三〇シリングを一件あたり追加して支給すると約束した――実質上、仕事は既に皆終わっていたのだが。

かくて登録事務は恙なく完結した。誰一人ルーベンをいかなる意味でも非難しなかった。それどころか、彼は仕事をすすんで他人に分け与える心の広い人物として高く評価され、人望を得たのだった。

六　近代化と新たな人間類型

英国植民地政府は、確かに部族間の家畜をめぐる略奪戦（feud）を抑止して、「英国による平和」（Pax Britannica）をもたらした。だがそれは、植民地や部族内部での新たなパイをめぐる、新たな闘争の始まりでもあった。一方には、真先に植民地政府やキリスト教ミッションに接近して、千載一遇の機会を得た幸運な者たちがいた。彼らとその子孫は、あっと言う間に社会の階段を駆け上がって、気がつけば国家という未曾有の巨大な枠組の中枢を占め、富を独占した。他方には、最近になってようやく資本主義の現実に目ざめかけた者たちがいる。彼らとその子孫たちは、残されたわずかな余地に殺到して、食うために死に物狂いの奮闘を続けている。だが、彼らに残されているパイは余りにも小さい。

ルーベンがアラブ首長国の外洋船乗組員採用に賭けた夢は、確かに、いかにも滑稽だ。しかし、大学が極度に狭き門となったその十数年前には、海外留学詐欺が横行していた。外野席にいる我々は、今世紀の冒頭にその螺旋状の「進化」型を目の当たりにしていたのだと言えよう。しかし、一体誰がルーベンを嗤えようか。誰もが夢を見る。そして夢は、現実が辛ければ辛いほど、切なくて甘い。

国際機関は、ケニアがアフリカでも二番目に腐敗が進んだ国だと、当時指弾していた。この評価は国民の間で公然と話題になり、彼らはその確かな実感を生きていた。ルーベンは、アフリカ民話で活躍する横紙破りのトリックスターの兎か蜘蛛を思わせて聡く、そして（ずる）賢い。しかし、少しも彼を非難するには当たるまい。我々は、戦後、ヤミ米を拒んで餓死した日本の裁判官に痛く同情こそすれ、到底心酔するわけにはいかないのだ。

そのルーベンが当時、心から感服していた、ハリー・ケモイという一人の若者がいる。二〇〇〇年末頃、カプロイノ郡では、ブロックと呼ばれる集金型の自助組合が突如現れて次々に簇生し、一年間ほど、熱に浮かされたような日々が続いた。ブロックは、二〇人前後で構成する、頼母子講とハランベーを結合したような組織で、二週間という短い周期で各人に五〇〇シリングほど（の大金）を拠出させ、これに加えてさらに任意の献金を募る。だから毎回、メンバーの一人は必ず二～三万シリングという大金を得て、起業資金などに回すことができた。個人の献金額は逐一記帳され、受益者が今度はそれ以上の額を献金するのが規則だった。

その頃、人々は物に取り憑かれたように働いた。中学の入口で落伍したハリーは、他人の畑を借り上げて野良仕事に精を出し、五つものブロックに同時加入して高額の献金を続けた。カネをバラ蒔くような気前良さから、ハリーは「地方議員《カウンシラー》」という渾名を貰った。だが、二〇〇一年終盤から旱魃が猛威を振るい出すと、ブロックが次々に破綻して、彼の「債券」の全てが焦げついてしまった。しかし、ハリー・ケモイは潔く現実を受け入れて、少しもたじろがなかった。彼はこの間の死に物狂いの奮闘を通じて、勤勉や信用という、植民地経営に由来する新たな価値をようやく見つけ出して身に付け、自力で起業する自信という、かけがえのない財産を手にいれたのだった。学歴やお上や海外援助にも、また古い共同体の紐帯にも依存しない、自立した、新たな人間類型の遅まきの誕生であった。

おわりに

確かに、ケニアでは万事がカネ塗れかもしれない。だが、希望がないわけではない。ケニアでも片田舎に属する地域に住んでいるキプシギシスの人々は、長く苛烈な過渡期をまだ必死に生きていて、二十世紀から二十一世紀への変わり目辺りから、ようやく新たな世代を育みつつあったのだ。

その後、ケニアは携帯電話が普及し始めると、固定電話の設置という、長年くり返し挫折を味わい続けてきた政府の事業に見切りをつける。そして、半官半民で携帯事業を担っていた企業が民営化されてサファリコムになると、廉価で便利この上ない世界最先端のモバイル・マネーシステム、M-PESAを発明する。このシステムは、交通の便に恵まれなかったケニアの田舎の人々に、諸々の零細な起業の機会を提供し、地方経済の輝かしい夜明けをもたらした。本章では、その直前の時期までの前史の一側面を、一家族の現代史として描いてみた。

《注》

（1）トル・ゴタス（二〇一一）『なぜ人は走るのか――ランニングの人類史』（楡井浩一訳）筑摩書房、二四三頁。

（2）二〇一〇年代には、ケニアの北部を中心に、大規模な油田とガス田が発見され、二〇一〇年代後半には小規模ながら原油の生産と試験的な販売が始まった。これが吉と出るか、それとも近年のガーナのように凶と出るか、予断を許さない。

（3）ただし、近年、その例外となる歴史的な大事件が起きた。二〇〇七年末の総選挙の結果を巡って、ケニアの最大民族であるギクユ人とそれ以外のほぼ全民族を対立軸として、内戦に近い危機的な状況が生まれ、約千三百人の市民が殺された。そのキプシギスを巡る状況は小馬（二〇〇八）を、また政治的決着はアナン（Annan 2012）を参照して欲しい。

（4）この当時の三つの県（district）は、二〇一〇年の新憲法下で、北のケリチョと南のボメットの二つの新たな県（county）に再編され、今日に至っている。

（5）フランクは二〇一三年七月、選挙に敗れて運営委員長の職を離れた。

（6）カレンジン群の一民族。ケニアの第二代大統領モイ（現職）もこの民族の出身。

（7）甥のフランク・ロノが、このうち三エーカーを二七〇〇シリング（標準価格）で買った。

（8）家産相続に関するキプシギスの伝統の特徴は、複婚家族内の妻単位の核家族の間で家産を等分すること、つまり各核家族に息子が何人いるかに全く関わりなく、妻たちの間で夫の財産が等分されることである。また各核家族の息子たちは、婚出した同母姉妹に対して婚資として支払われる家畜の全てを、排他的に自分たちの結婚時に婚資として用いる権利をもっている。グラックマンは、南アフリカのズールー人の間に見られるこれとよく似たシステムを「家財産制」（house property system）、あるいは「家財産複合」（house property complex）と呼んでいる（Gluckman 1950）。なお、この場合「家財産制」の対極にイメージされているのは西欧的な家父長制であるから、本章の文脈では、「家財産制」を「（妻単位の）核家族財産制」と呼び換えることもできるだろう（小馬　一九九六：二九五―二九七）。

（9）カレンジンの酸乳は、マサイの物と同じく、香りのある植物の炭でミルク瓢箪の内側を燻して香りづけする点が、その他の民族のものと異なっている。オリンピック等の国際競技でメダリストとなったカレンジンの競走選手をナイロビ空港で待ちうけているカレンジンの人々は、歓迎の印として、瓢箪に容れた、その独特の酸乳を贈る。そのせいで、ケニアの人々は、それがカレンジンの卓越した走力の源となる飲料だと堅く信じている様子である。

（10）教育費と同様、桁違いに大きな出費は医療費である。旅客用の乗合トラックを借り上げて遺体を病院から移送する費用や、他に、葬儀の経費もきわめて大きな負担となっている。

《参考文献》

Annan, Kofi (with Nader Mousavizadeh) (2012) *Interventions:A Life in War and Peace*, New York: The Penguin Press.

Gluckman, Max (1950) "Kinship and Marriage among the Lozi of Northern Rhodesia and the Zulu of Natal," in A. R. Radcliffe-Brown and Daril Forde (eds.), *African System of Kinship and Marriage*, pp.166-206, London: Oxford University Press.

Herskovits, M. J. (1926) "The Cattle Complex in East Africa," *American Anthropologists* 28(1): 230-272, 28(2): 361-388, 28(3): 494-525, 28(4)633-634.

Huntingford, G. W. B. (1953) *The Southern Nilo-Hamites*, London: International African Institute.

小馬　徹（一九八二ａ）「キプシギス族の〝再受肉〟観再考」、『社会人類学年報』第八号、一四九—一六〇頁。

小馬　徹（一九八二ｂ）「ケニアのキプシギス族における女性自助組合運動の展開」、『アフリカ研究』（日本アフリカ学会）第二二号、一—一九頁。

小馬　徹（一九八五ａ）「東アフリカの〝牛複合〟社会の近代化と牛の価値の変化——キプシギスの家畜貸借制度（*kimanakta-kimanagan*）の歴史的変化と今日的意義をめぐって」、『アフリカ研究』（日本アフリカ学会）第二六号、一—五四頁。

小馬　徹（一九八五ｂ）「『女の知恵』を買う話」、『通信』（東京外国語大学アジア・アフリカ言語文化研究所）第五五号、一一頁。

小馬　徹（一九八七）「強姦をめぐる男女関係の種々相——ケニアのキプシギスの事例から」、『文化人類学』第四号、一七〇—一八七頁。

小馬　徹（一九九一）「知恵と謎々——キプシギスの子供と大人」、『社会人類学年報』第一七号、一九—五〇頁。

小馬　徹（一九九五）「国家を生きる民族——西南ケニアのキプシギスとイスハ」、『人類学がわかる。』〔AERA Mook 8〕朝日新聞社、一四八—一五三頁。

小馬　徹（一九九六）「父系の逆説と『女の知恵』としての私的領域——キプシギスの『家財産制』と近代」、和田正平（編）『アフリカ女性の民族誌——伝統と近代化のはざまで』明石書店、二八一—三三二頁。

小馬　徹（二〇〇八）「ケニア『２００７年12月総選挙後危機』におけるエスノ・ナショナリズムと自由化の波及——カレンジン民族（特にキプシギス人）から見た紛争の諸相」、中林伸浩（編）『東部および南部アフリカにおける自由化とエスノナショナリズムの波及』神奈川大学、三三—七七頁。

第3部　老人の権力――「統治者なき社会」はあるか

第五章　挨拶・握手行動の身体論と政治学

経営者の中には、固い握手をするのがいいことだと信じ切っている人がいる。私はいかなる握手も認めない。とんでもない習慣だ。（中略）日本のようにお辞儀の習慣があればいいのに。(1)

はじめに

足は、決してただ歩くためだけの道具ではなかったのだ。筆者は、今さらながら、そう気づかされた。遠い昔に何処かに置き忘れてしまっていた懐しい身体感覚を突然呼び覚まされて、ひどく驚くことが、誰にも時にはあるだろう。文化人類学者にとって、フィールドとは、くり返し、しかも思いがけずそのような場面に出合う所なのである。

一　手という官能――表情に関する手と顔の相補性と対照性

1　フィールド――身体感覚に目ざめる場

筆者は、西ケニア奥地の草深いフィールドから最寄の小さな田舎町へ出た折りには、必ずその街角で泥靴を磨いてもらう。それは、生活上の必用であると共に、密かな愉楽でさえある。その最寄りの町の流儀では、筆者が靴を履いたままで、アフリカの少年や青年が、厚くこびりついた泥を力を込めて掻き落とし、靴墨を塗り、磨き上げる。その時に、強さを変えながら靴の上から足を圧してくる、あのくすぐったい、不思議で懐かしい感覚は一体何なのだろうか。

まだ母親が靴を履かせてくれていた、幼い頃の経験。あるいは、上がり框の傍らの小桶に清らかな水を用意して、その家の妻女が家人や来客の素足を濯いだ、遠い時代の集合的な記憶。その淵源が仮に何であるにせよ、あの革靴を越して伝わってくる何処かひどく懐かしい感覚は、人間の足が決して歩くためだけに用意された器官ではないことを思い出させてくれる。日頃は意識の彼方に追いやられているけれども、足が充分に官能的な感覚器官でもあり、コミュニケーションの手段でさえあり得たのだ、と。

2　顔を裏切る手

まして人間の手は、たんに物を作るための道具であるわけではない。人間の手は、人体で最も高度に分化し、自在に動いて働く器官である。つまり、手は一番確かに人間の意志を伝えて具現する。それゆえ、顔と並ぶほど豊かな表情に富み、同じほど正確に感情を表現する。手はまた目や耳にも劣らないほど微妙な刺激を受容し、それを精妙に弁別出来る器官なのだ。しかし手は、顔のように一方的な発信者であるだけでも、また耳や鼻のようにたんなる受信者であるわけでもない。手は、受け取ると同時に伝え、感応すると共に表現する。この意味で、手こそが、総体としての人間を最も良く代表している器官であるとさえ言えるだろう。

ゆえに、手の表情は、時として顔以上に忠実に人間性を映し出す。顔は、どの器官にもまして雄弁な感情の表現者であるのだ。だが、それと同時に、個人の内面を図らずも映し出してしまう剥き出しの鏡であり、内面を外部に露呈してしまう無防備な発信者でもある。そこで、感情を意志の制御のもとに置くことを、社会が公的私的に個人に要請する。社会とは、個人を超えたもう一つの意志を持つ実体であるからだ。そして社会は、この文化的な要請に応える（無意識下の）訓練を経た個人だけを、大人、即ち正式の社会成員として認める。だから顔は、個人の心理的な内面と公的な社会生活としての外面の重要な接点なのであり、それゆえに自ずと対話的な性格を与えられていると言える。こうして、顔の表情は、社会ないしはその文化と個人の意志の統御下に同様にあって、絶えず一定の抑圧を受けていると見なければならない。

ところがその一方で、社会は、感情表現者としての手の存在の認知には比較的鈍感、且つ寛容であり、手の何気ない日常的な表情を文化的に規制することはむしろ稀である。多くの場合、手は感情表現を制御しようとする個人の意識の対象であることすら免れている。こうして手の表情は、往々個人の最も奥深い内面を包み隠すことなく表現して、顔が伝達しようと外部に表明している意志を裏切ることがある。

いや、そう言えば正しくない。人間は、重層化され、堆積する現実を、身一つにして同時に生きる社会的な存在である。こうした存在としての人間のコミュニケーションは、その言語の構造がそうであるばかりでなく、身振りや身体の表情においてもまた重層的なのである。手に代表される残余の身体部位の表情は、社会の管理に従う顔の表情と常になにがしか食い違いをもっている。まさにそうであるがゆえに、たとえ無自覚的であるにはせよ、人はその食い違いと相互干渉の効果として、交響する個人の人間性を感じ取り、統合された多様としてその人物を受け容れる。つまり、こうした統覚的な了解が成り立つときに、人は相手をその矛盾の相のままに一個の人間として認めて受け容れ、その固有のあり方のままに感応し、共感するのである。手は、このようにして、顔の働きを暗黙の裡に補完していると言える。

3　内面を表現し、内面を読み取る手と指

手の官能的な性格を考える場合、医学は多くの示唆を与えてくれる。[2] 機械工学的な手法では、手のように精妙に分化した機械を作ることは、人間を他の天体に送り込むのに匹敵するほど難しいと言う。手首から先は、二十七の細かな骨が相互に固有の関節面をなしながら、強力な靱帯で結合されている。手が或る動作をするとき、手首、腕、肩が緊密に協調して働き、三十以上の関節と五十以上の筋肉とが連携しつつ作動することになる。指はその尖端や腹や背や脇など、あらゆる方向からの力を瞬時に感じ分け、筆記具の角度、握り具合、筆圧を即座に制御する。たとえたった一つの文字と言えども、このように高度に複合し統合された身体運動の結果として書き記されているのだ。

だから、別人が同一の筆跡をもつ可能性は、ないに等しい。ここに署名の法的有効性の科学的根拠があり、また文字が個人の内面を映し出すと見る世知、つまり「文字は人なり」の格言のそれなりの拠り所が

あるのだ。ロボットは署名できない。それは、署名すべき手、即ち内面と響き交す心の露頭をもたないからである。

掌や指先には、特別の感覚器官である繊細な装置が濃密に分布している。特に指には、わずか指先ほどの広さに数百万個もの割合で、それが存在する。中でも、圧力を感じ取るパチーニ小体は、全身の四分の一が指と掌に集中している。だから指先は、一マイクロメートルの高低差を識別し、皮膚の上を秒速一ミリメートルで移動する物体の動きを感じ取る。点字の読み取りに専ら人差し指を使うのは、パチーニ小体がこの指の先端部に特に多く分布しているからだ。軽く摘むだけで、粉屋の職人は粉の粗さ細かさ、種類、そして品質を見抜く。最も精巧な天体望遠鏡のレンズを磨いて作り出すのは、いかなる精密機械でもなく、日本の職人の素手であるそうだ。手の働きがこれほどの霊妙さをもっている事実に相応して、大脳中心前回に位置する手の司令所は、胴体全体に対する司令所に匹敵する広さをもっていると言う。

見えず、聞こえず、話せないと言う三重苦を負ったヘレン・ケラーが、握手の感触だけで、相手の体格ばかりかその人となりまでも見事に把握したことは、良く知られている。それが可能になったのは、先に述べた通り、手が情報を受け取ると同時に伝え、感応すると共に表現する特性をもち、それによって総体としての個人を最も良く代表しているからなのだ。

ヘレン・ケラーと握手するときに、相手の身体は、指先から肩までの多数の関節と筋肉を連携して作動させる。この高度に統合された複合的な身体運動は、署名を天涯無二のものにする精度で遂行されるのだ。その結果、握手する相手の手は、その人に固有の仕方で組織化された独自の情報を発信し、自己の外面ばかりでなく内面のあり方をも映して伝えるのである。一方、ヘレン・ケラーにとっては、一マイクロメートルの高低差を識別し秒速一ミリメートルの移動を感受し得る器官としての手こそが、自己の内面と外面とを交流させる独占的な回路なのである。彼女は、そこに精神を集中して、一切の情報を読み取ったのだ。

4　表情を持つ手と顔、その相同性と対照性

人間の身体部位で表情らしい表情をもつのは、顔と手だけである。その顔と手の機能的な関係について、養老孟司が興味深いエッセイを書いている（養老　一九七八）。医学生時代、解剖実習で顔と手には馴染めなかったと言う。「顔も手も生前は二つながらに活き活きと動き、生きる事を語った」。したがって我々は、自ずと顔と手には表情の流れを読もうとする。だが遺体の顔と手では、その表情は固着していて動かない。それらに気味悪さに近い感じを抱いたのは、それらの流れない表情を暗黙裡に読もうとしていたからだ、と養老は考えている(3)。

養老は、同じエッセイで、人間の顔が表情をもつに至った進化の経緯にも触れている。脊椎動物では、顔が体の進行方向の最先端に位置し、ここに目、鼻、耳、舌などの重要な感覚器官が集中する。動物のヒゲは感覚器になっていて、一本一本にそれを制動する筋肉がついている。哺乳類では、この種のヒゲをもたないのは人間（ヒト）だけである。それは、人間が立ち上がった結果、顔が必ずしも身体の最先端ではなくなったからだ。ヒューバーと言う解剖学者によれば、探索行動から解放されたヒゲの筋肉は、やがて顔の表情筋に変わった。かくして人間の顔は、きわめてよく動き、それと共に、目と、その目を介する情報処理が発達した結果、人間では顔の表情が重要な情報源となった。そして、顔の動きが自由になると、顔は多様な変異を生み出し、顔が人間の個性を代表するようになっていく。養老の論旨は、以上のように

要約出来るだろう。

ここで注意を要するのは、人間では、直立二足歩行の結果「手がヒゲにとって代わって探索の役目を果たす」ことになったという事実である。養老のエッセイが爽快な印象を与えるのは、それが豊かな学殖に裏打ちされ、鋭敏な機知によって紡ぎ出されているからばかりではない。それ以上に、一つの鮮やかな常識破りとなっており、それに特有の目ざましい効果を上げているからである。既に我々の常識となっているのは、人間が直立して歩くようになった結果として手が自由になったとする、エンゲルスの仮説であろう。自由になった手は、ヒトの労働を可能にし、労働はヒトの脳を発達させると同時に、労働を組織する言語の創造を導いた。エンゲルスは、そう考えたのだ。

一方養老によれば、人間が直立することによって自由になった身体部位は、手ではなく、逆に顔の方なのである。養老の理論に違えば、人間が直立した結果、顔に代わって探索行動に使役させられることになったのは、他でもない手である。そして顔は、探索行動から解放されることによって、初めて表情を獲得した。手は、これとは対照的に、探索行動に奉仕させられて高度な分化を遂げ、その結果として複雑で豊かな表情を獲得したことになるだろう。

5　芸術作品に読み取られた手の表情

既に明らかな通り、顔と手の表情の相補的な対照性を認識することは、人間現象の理解とそれに対する共感を達成するうえでの、重要な鍵なのである。たとえ社会が見落としていようとも、芸術家の鋭敏な感性は、手の表情が顔の表情を裏切る場面をしばしば捉えて、巧みに切り取っている。そして、我知らず露

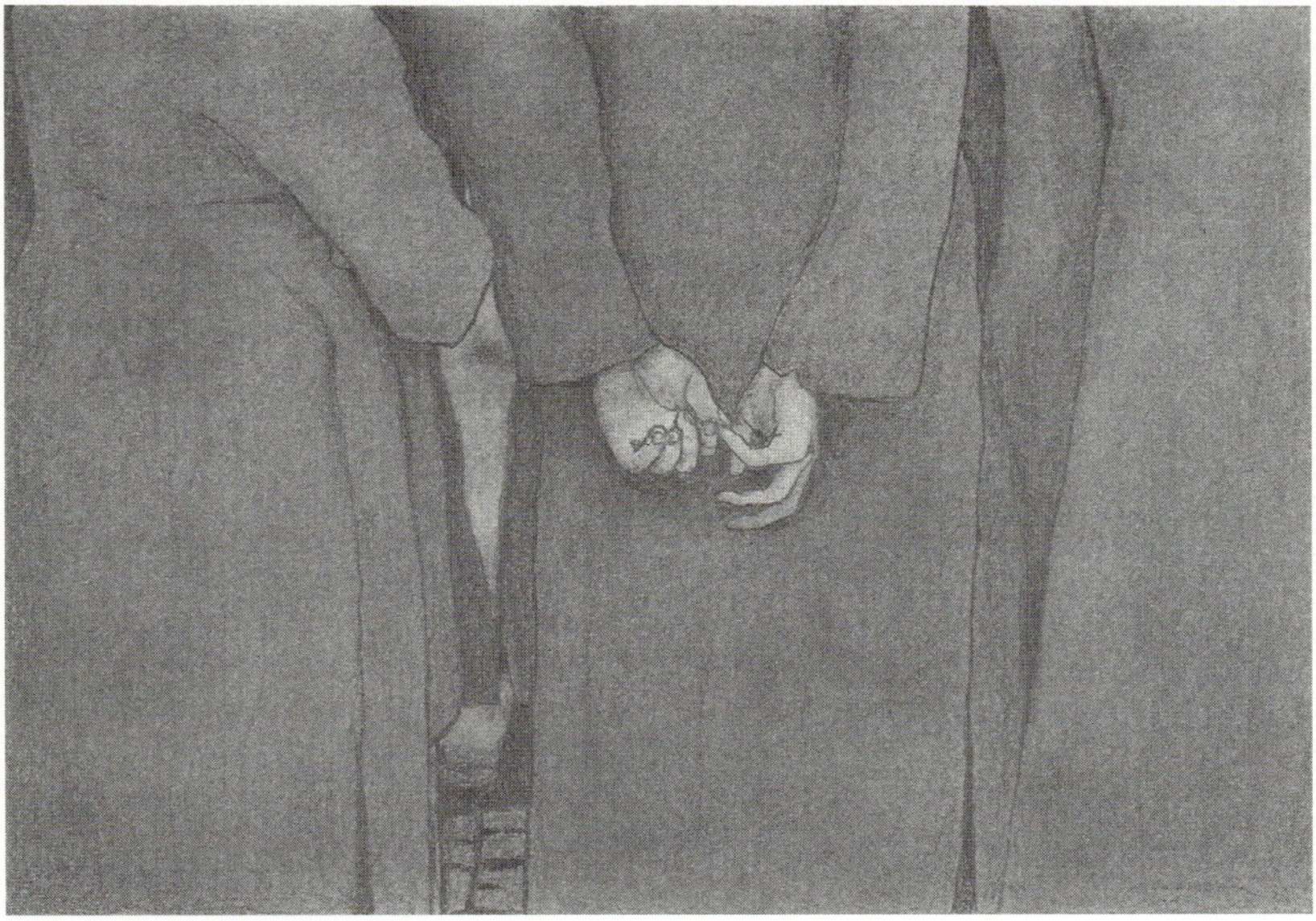

写真1　深紅の枢機卿（Emilio Montagnini，筆者の模写）

呈されるこの一種の裏切りの中に、人間の生の奥深い現実を読み取ろうとする。

　そのよく知られた古典的な例は、芥川龍之介が大正五年（一九一六）に発表した短編小説「手巾」であろう。息子の死を報告しに指導教授宅を訪れた教え子の母親の表情は平静で、顔には穏やかな微笑さえ浮かんでいる。だが、教授がふとテーブルの下に目をやったとき、彼女の両手が、ハンカチを引き裂かんばかりにして、震え続けていた。芥川は、顔と手の表情の驚くべき鋭い対照を描写することによって、母親の絶望の埋め合わせようのない深さを表現したのである。

　手の表情を読むことにかけては、おそらく写真家の右に出る者はあるまい。モンタニーニの「深紅の枢機卿」（写真1）は、その優れた一例である[4]。幾名かの枢機卿たちが深紅の制服をすっぽりと身に纏い、円陣を作って、何かを話し合っている。彼らの顔とその表情は残らず、すっかり画面

写真２　農民の手（日野文雄）

の外にある。だが左側の枢機卿ががっしりと組んだ腕は、話の内容が何かしかつめらしいものであることをたくまずに物語っている。

ところが、少なくとも画面中央の細身の枢機卿は、既に半ばうんざりしているのだ。その気分を、彼の心もち左に傾いた身体が、そして何よりも一面の真紅の中に真っ白く浮き上がらせられた彼の両手の表情が、雄弁に表現している。左手の人差し指の脇腹と親指とが、右手の小指を軽く摘んでいる。右手と左手は、一見対話しているようでいて、思い思いの方向に曲げられたそれぞれの指は、いずれも所在なさそうな表情をしている。この枢機卿の両手の表情は、枢機卿たちがこの時に置かれている外的な状況と彼らの内面の気分とを、たくまず、しかし驚くほど雄弁に表現している。両手がなす囲みは枢機卿たちが形作る話の輪であり、一本一本の指は一人ひとりの枢機卿である。

枢機卿たちの個的な肉体的をすっぽりと包み込

んで、その表現の流露を一切禁圧している真紅の法衣。モンタニーニは、それを背景とし、真紅を全画面の基調とした。彼は、こうすることによって、掌と指の個的で、饒舌で、官能的な姿態を浮き上がらせ、その隠されたメッセージを見事に際立たせてみせたのである。

日野文雄の撮影した「農民の手」（写真2）[5]は、これとは対照的に、被写体である老農婦の手そのものに間近に肉薄する。モノクロームの写真は、不必要な情報を極限まで切り詰め、対象が密かに隠し持っている特質をくっきりと浮かび上がらせて、見る者にそれを強く印象づけるのに適しているからだ。日野が強調しようとしたのは、老農婦の手が、「老いて節くれだったとはいえ、ツルンとした掌である」ことであると言う。なるほど、気づいてみると、彼女の手は先がいびつに曲がった右手中指でさえも官能的ではないか——まさに、彼女の掌の中で今にも弾けそうに丸々とした大豆にも劣らないほどに。

「六〇年ごろから農村にも浸透し始めた高度経済成長は、農民の掌をツルンとした肌触りに変えたのである。その意味でこれは今日的な掌だ」と、日野は述べている（日野　一九九一）。あえて付け加えれば、他の農作物もまた押しなべて、あの老農婦の掌中の大豆のように、ツルンとした肌触りに変わったはずだ。日野はモノクロームを使い、一人の老農婦の手にほのかに宿っていた若く官能な表情を浮上させ、強く印象づけることによって、今という時代の一断面を鮮やかに切り取ってみせたのである。

6　手に官能を見る日本の芸術の伝統

実は、顔の表情を可能な限り抑制し、その代わりに、手の繊細な表情の技巧を駆使して心のあり方とその動きを表現するのが、日本の芸術の長い伝統であったように思われる。

仏教は、古墳時代に続く我が国最初の「文明化」以来、実に長く日本人に大きな影響を及ぼしてきた。しかしながら、鎌倉時代の一時期を除いて、仏教が個々人の魂の救済に深く資することはほぼなかったと言って良いだろう。日本に仏教が招来されたとき、人々の心を捉えて魅了したのは、何にも増して、その金色を基調とするきらびやかさや、造形的な美しさである。中でも、広大無辺な慈悲心をもって人間の苦厄を除くと信じられた観音菩薩が、篤く信仰されてきた。

今日も伝存する観音像を初めとする古い仏たちを見ると、その顔の表情はそれぞれに抑制されていて、或いは静穏であり、或いは冷淡でさえある。一方、その手や指の形姿は、儀軌によって印相を大きく制約されているにも拘らず、いずれも自在に豊かであり、とりどりの表情を湛えて官能的でさえある。実際、今日でも、仏師は仏像の顔の造作の美醜を必ずしも問題とせず、何よりも仏像の手の造形の妙で製作者の力量を測るのだと言われる。

舞台芸能でも、事情は大きく変わるまい。仏像の造形原則は、後世の人形浄瑠璃にも形を変えて受け継がれていると言える。文楽の人形は、生身の人間と全く同様、手が、そこだけ際立って精巧に分化して作られていて、分業化された人形遣いの演技の大部分は、手と指の念入りな操作に充てられる——興味深いのはこの分業比が、大脳中心前回全領野に対して手の司令所が占める面積の比率にほぼ通じることだ。他方、手や指に比べると、人形の顔の動きは、著しく局限されている。

俗耳に反するかもしれないが、筆者には、能もまた事情は同じであると思われる。(6) 能は、顔の表情を面として固定する。能役者はこうして身体を隈なく衣に包み込む一方で、手と手の指だけをそのまま露出させて観客の目に曝す。つまり、能では、肉体の官能を抑圧されない身体部位は、手をおいて他にない。(7) 演目に応じて付ける面は、表情が強く様式化されている。また面は能役者の顔の表面にぴったりと固定されるが、手の演技は常に演者の自由に委ねられる。つまり、能の演技の成否は、信じられている以上に、演者の手に凝らされる顔と対比的な技巧の巧拙に大きく依存しているのではないだろうか。

先に上げたエッセイの中で、養老は、能面の表情についても触れている。遺体の顔と手の硬直して動かない表情と能面の表情を、彼はこう対比している。「能面は、人が付けて動くものである。動けばその姿は流れ、流れることによって我々はそこに表情を見る」。なるほど、先の文脈に繋げば、確かに見事な叙述であろう。しかし、この見解には先に見た、手ならぬ「顔の解放」説のような、常識破りの鮮やかさを見出すことは出来ない。彼の見解は、むしろ能の鑑賞の常識を、少し目線を変えて流麗になぞったものだ。

もう一つ別の補完的な見方があり得るのではないだろうか。文化（演目）によって強く規制されている顔の表情と、個人（能役者）に解放されている手の表情。この両者の対照は、実は、日常を生きる生身の人間の感情表出の上述した構造と相同である。我々は、この事実にしかと気づくべきなのだ。確かに、観客の視線が集中する能面は、仰角を変えることで幾分の陰影の遷移を作り出せよう。だが、面は基本的には硬直して動かない印象を与える。定説は、面の仰角のいささかの変化が作り出すわずかな表情の変化に、幽玄な精神の動きを読み取ろうとする。そのこと自体は的を射ているとしても、無前提にそれを唱えるのであれば、俄かには首肯しがたい神秘主義的な教条になってしまうと思う。

能面の「死んだ」顔が微妙な表情を湛え、霊妙な生きた顔として関知され得るのは、能面の硬直した表情が、規制されることなく意のままに動く手の表情の官能と、密かに対照をなしつつ呼応することにもよるのではないだろうか。つまり、こうして見る者の統覚的な感受性が無意識のうちに解発されて、暗黙裡に両者が相互対照されつつ補完し合って統合される。その結果として、能の面の「死んだ」顔が、初めて社会的な自己抑制を深く秘めて内包した人間的な相として了解され得るのだと思われる。

社会は、いわば構造化された制度として、個人の意識を重く圧してくる。そのような社会意識を生きる個人。その生身の人間としての葛藤と矛盾を鮮やかに描くことが、常に芸能の主題であるだろう。芸能の最も深遠な達成とは、それを説明する言葉によってではなく、むしろ演じ手の身体とその動きの中から自ずと発露させること、そしてそれを観客に統覚的に感じ取らせることにあるのではあるまいか。

あくまでも表現の様態に忠実に即して見るならば、能とは、日常生活における人間の顔と手による感情表現の対照関係を様式化して強調し、劇的な仕方で際立たせることによって、人間性に対する統覚的な共感と了解を極限まで深化させようとする芸能なのだと思われる。

ちなみに、付け加えておけば、歌舞伎は、その所作の様式化の範を文楽人形の動きに求めたとも言われている。また、俗に「手踊り」と呼ばれる日本舞踊が、精神的な内面を専ら手と指の技巧によって表そうとしていることは、周知に属しよう。

このように概観すれば、日本の芸能の長い伝統となっている人間理解のあり方の輪郭さえも、自ずと浮かび上がってくるように思われる。

7　手と指の官能性とその抑制

手とその指、ならびに握手の官能性の認識は、古今東西、少なからぬ文化の中で、明示的にも表現されてきた。例えば仏教は、下から第三番目の天界である兜率天では、性の交歓が手を握り合うことによって達成されると言う。加えて、近年の例を挙げよう。S・スピルバーグ監督の映画『E.T.』では、孤独な少年と遠い宇宙からやってきた異星人E.T.と、互いの人差し指の先を触れ合わせることで即座に全霊的に心を通じ合わせるのである。

しかしながら、日本文化には、手や指を官能的な器官として直接的に表現する伝統はなかったのだ。中国文化など、東アジアの諸文化と共に、日本の文化は、握手などのような身体接触を伴う挨拶行動の習慣を伝統的にはもたなかった[8]。言い換えれば、日本社会は、日常の公的な時空での身体接触を、文化的に極度に厳しく抑圧してきたと言えるだろう[9]。

この文化的伝統の裏返しでもあろうか、西欧の影響のもとに文化変容を遂げた現代の日本では、手、ないしは手の接触の官能を臆面もなく強調する文章表現に出会うことが珍しくない。故平野威馬雄は、「通りすがりに指の美しい女性を見ただけで、その指を想って眠れぬ夜が続く……というようなことを告白していた」と言う（相田　一九九〇：一一六）。姉妹のなかった太田省吾は、「高校生になった秋、文化祭のフォークダンスで、はじめて女の手に触れた時は驚いた。やわらかだった。そのあまりのやわらかさに驚いたのだった。現実感覚を超えたものと出あったような感触だった」と書き、「今でもあの感触を憶えている」と言っている[10]。

しかしながら、日常の時空での身体接触を文化的に抑圧する伝統をもつ日本でも、幼い子供が触覚のもつ共体的感覚に目ざめないはずはない。野村雅一は、適切にこう述べている。「身体接触への欲求はもちろん男性にも、そしてあらゆる文化にある。とくに重要なのは、幼児はほかの感覚にさきがけて触覚を発達させるから、人間関係も触覚的経験として把握され、触覚を通じて感情の種々相を成熟させるということである」(野村　一九八四：三五)。

しかも、日本文化の伝統は、例えば、大森貝塚の発見者で日本を心から愛したエドワード・モースが『日本その日その日』において、「日本は確かに子供の天国である」と感嘆しているように、幼いときには親との濃密な身体接触を許してきたのである(モース　一九七〇：一八―一九)。モースが直に目にした明治初年の日本人は、こうであった。「人々が屢々手をつなぎながら、一緒に歩いているのは、見ても気持ちがよい。婦人や子供は通常手をつないで歩く。大きくなった娘と、彼女のお母さんなりお祖母さんなりは、十中九まで手をつないで行く。お父さんは必ず子供と手をつなぎ、何か面白いことがあると、それが見えるように、肩の上に高くさし上げる」(モース　一九七〇：一七)。

比較的最近の新聞の投稿欄に、一つの興味深い事例を見出した。短文なので、全文を引用しよう。「敬老の日　私たち夫婦にプレゼントするという五歳の孫娘。色紙を買ってきて折り紙を折ってくれた。三歳の妹の方は知らん顔。『何をくれるの？』と請求。しばらく考えていたが、『握手してあげる』と手を握ってくれた。触れ合いで感激。(山形県米沢市・涙もろい祖父・61歳)[11]」。

今仮に、プレゼントと言う装いのもとになされる行為の真の眼目が、自分と相手との距離を近づけ、あるいは自他の差異を解除することにあると見ておこう。身体接触がその行為の極点であることを、さらにはその中でも握手が最も官能的であることをも、幼い子供が身体感覚として知っていた。しかも、それに直観的に気づいて行動に移したのは、プレゼントを知識として知っていた五歳の孫娘ではなく、それを少しも知らなかった三歳の孫娘のほうであったのだ。

松浦寿輝は、こう述べる。「人は或る種の便法を用いて触覚体験を抽象化する。自我を縁取る輪郭や主

＝客分離の構図といったファンタスムに身を委ね、触れることのなまなましさを抽象的にやりすごして、日常生活に視覚的な遠近法を透徹させるのである」。即ち、社会は、「触覚的現在を絶えず視覚的秩序にすりかえ続けることによって平坦で希薄な日常生活を維持してゆこうと」するのであり、その一般的な便法を介して物も身体も「意味」や「機能」へと馴致されることになる、と（松浦 一九八四：三八―四一）。右の事例で言えば、五歳の孫娘は、プレゼントという抽象的な意味に捉えられることによって、「触れることのなまなましさ」から既に自らを遠ざけるように仕向けられているのだと言えよう。

二　人間の身体の相互性と触覚の社会的管理

1　手の官能性と日本の抑圧的伝統

今ようやく、本章は、ケニアのキプシギスの人々の挨拶を巡る慣行を論じ得る地点に近づきつつある。だが、その前にもう少しだけ、検討しておくべき課題が残されている。

キプシギス人は、握手を伴う挨拶行動の伝統をもっている。一方、日本人の挨拶行動からは、他の日常の公的な時空での行為と全く同様に、一切の身体的な接触が排除されている。かつて筆者は、以下に詳しく検討するキプシギスの握手＝挨拶行動を、或る学会で報告したことがある。その時、一部の方々からは「やや深読みに過ぎる」と言う評をいただいた。[12] しかし、そのような反応の原因の一半は、握手を初めとする身体接触を伴う挨拶行動の伝統を一切もたない、日本人が聴衆であったからだと思えてならない。実は、手の官能性を巡る「政治学」を考察しようとするとき、筆者のこの経験的事実それ自体が充分検討するに値する恰好の事例であると、後ほど気がついた。あえて「長すぎる前触れ」である前節を書いた理由も、まさにそこにある。

前節で述べたかったことの要点は、握手の伝統をもたないからと言って、日本人が手の表情の豊かさや官能性、あるいはその統覚的な機能に気づいてこなかったわけでは決してない、と言うことだ。それどころか、日本の造形芸術や舞台芸術は、むしろその事態の深い自覚のもとに、独自の表現形式を一貫して発展させてきたとさえ言える。ところが、日本人が日常を生きるときには、松浦が鋭く指摘している通り、その事態の認識が強く抑圧され、意識から排除されている。このように日本文化には、手の働きの認識に関する驚くべき対照があるにも拘らず、その対照性もまた少しも意識されていないのである。それは、社会の側からなされる個人の感覚の統制が、文化によって長い間見事に徹底されてきたからだと気づかなければならない。

2　感覚の身体的固有性と記号性

ここで考究しておかなければならないのは、手を結び合うことに代表される触覚的表現が、特になぜ社会ないしは権力と個人との間の「政治学」の対象となり、強く規制されてきたのかと言うことである。ただし、言うまでもなく、このような発想は文化記号論の原則に反する。文化記号論は、有節言語ばかりでなく、身振り、表情など人間の発信する情報の全てを「言語」ないしは「ことば」として捉えようと試みる。「ことば」としての身振りや表情一般においても、意味するものと意味されるものとの結びつきがやはり有節言語と同様に恣意的であるとすれば、筆者の問題提起はやや行き場を失うことにもなる。

しかし、我々は人間の身体を扱うとき、出来る限り謙虚でなければなるまい。構造主義の言語学者ヤーコブソンは、記号としての身振りは、一見外的形式と意味との間の相似的結合を欠いているようでありながらも、注意深く分析すれば「描写表現的な裏面」あるいは図像性（iconicity）を見出し得る事例が少なくないことを、具体的に示している。（ヤーコブソン　一九七八：八五―九一）。

ただ、ここで筆者が論じようとするのは、それ以上のこと、即ち個々の身体表現の感覚的（特に触覚的）基盤、あるいは別々の感覚それ自体に固有の関係的属性である。そしてまた、それに対する社会の意識的・無意識的な統制のあり方である。

3　知覚対象との距離と自他関係の感覚

ここで、五感と知覚の成立に関わる距離的要件を考察しておく必要がある。触覚は、味覚と同様、感覚器官と知覚対象との距離が零になったときに初めて成立する。ところで、きわめて多くの文化が、食べることを性交との類比的な関係で捉え、そのような象徴表現を生み出してきた[13]。その理由は、往々行為器官である口と女性器との間の形態上の類比に求められてきたようだ。しかし筆者は、感覚器官と知覚対象との間の距離が零になるときに成立する属性を触覚と味覚が共有している事実にこそ、そのより根源的な理由を見出すべきだと考えている。

この点で触覚・味覚の対極にあるのが、視覚である。視覚は、五感のうちでも最も大きな距離にまで及ぶ。他方、感覚器官と知覚対象との距離が零になったとき、視覚は機能を失い、目は視覚による関係を拒否して自ら瞼を閉じ、知覚対象を拒絶する。聴覚と嗅覚は、これら両者の中間に位置していると言えよう。

或る感覚器官とその知覚対象の間に知覚の成立要件として介在する固有の距離のあり方は、その感覚に伴う自他関係の感覚を規定するはずだ。それに気づけば、松浦寿輝の次の言葉は、饒舌だが説得的である。

自分と自分ならざるものとの距離が零になること。これは本来、少なからず不気味な事態のはずである。それは、主体と客体との画然とした分離による認知の構図が無効となり、わたしがそれに触れているのかそれがわたしに触れているのか、それに触れつつ触れられているわたしは誰なのか、わたしはそれでそれはわたしなのか、いっさいが不意に宙に迷い、なすすべもない崩壊感覚のなかで存在の基盤が脅かされる臨界点の経験だ。そこにおいてわたしは、〈外〉へと、わたしならざるものへといくぶんか溢れ出さざるをえないのであり、その意味で、接触とは微小なオーガズムに似ているといえる（松浦　一九八四：三八）。

つまり松浦は、触覚的体験は、「自己同一性を不意に曖昧にする逸脱体験だという意味で」、本来官能的であり[14]、だから社会は、触覚の官能的逸脱性を封じ込めようとして、それに「意味」や「機能」を押しつけて馴致し、管理すると言うのだ。

野村雅一は、身体の相互性と言う観点から、知覚とそれによる自他認知のあり方について、もう一歩踏み込んで考察している。

自分で自分のからだをくすぐっても面白くもおかしくもないのに、気を許した他人からくすぐられるとたちまち笑いや嬌声が生まれるという現象があるが、自己の身体への接触（刺激）と他者との身体接触は相当違ったものである。おそらくその原因は、個人の身体というものも、他と孤絶した存在ではなく、他の身体とのさまざまなレベルでの交流を必要とする相互的な現象であるというところに帰着するのであろう（野村　一九八四：三四）。

握手を初め、身体の接触行動を伴う挨拶行動を、社会や文化の側面から考察する場合にも、右に松浦と野村が示した洞察を基底に据えなければならないと思う。

4　儀礼としての握手の社会的意味――平等性と位階性

ヨーロッパにおける握手の社会的な意味を、オランダ（Dutch）共和国の歴史資料や絵画の考証をもとに考究した好論文を、ルーデンバーグが書いている（Roodenburg 1991）。今日のヨーロッパでは握手は、言うまでもなく出会いと別れの挨拶の身振りであり、日常的な身振りの中でも最も自明視されているものである。ところが丹念に調査すると、十六、十七世紀、さらに十八世紀もかなりの期間にわたって、握手は全く別の意味を担っていたことが判明する。つまり、それは友情、同胞性、和平、和解、和合、合意などを意味する身振りだったのである。

この事実を糸口にして、ルーデンバーグは、次の結論を導いた。ヨーロッパでは、握手は最初、出会いと別れに際する伝統的な身振りであった。ところが、十六世紀からは位階制と結びついた様々な身振りや儀礼に次第に取って代わられ、友情や和解などを意味する儀礼的な身振りとなった。だが、やがて社会の平等化に伴ってマナーが緩和されてくると、握手が出会いと別れの際の身振りとして、再び一般化していった。

外交関係の現実的な表明と言う観点からすると、握手を初めとする取るに足らない身ぶりの細目が、実に国家的な重大事であり得たのだ。一般化すれば、「身体は、その最もちっぽけな身振りにさえも、社会と言うこの他なる身体が位階性または平等性に関する事柄に纏わせる価値を映し取っていた」と言える。ルーデンバーグの論文は、右のように要約される。彼の論文は、たとえば握手と言う一つの身振りが常に単一の意味に対応するものではなく、歴史的な変容過程をもち得ること、またその意味づけがおおいに政治的な性格をもち得るがゆえに、社会を写す鏡であることを実証的に示した。この点で、優れた業績である。しかしながらルーデンバーグは、意味との関係において、一つの身振りが記号として恣意性をもつのかどうかを明らかにしてはいない。つまり、ヨーロッパにおいて、握手がなぜ或る時は出会いと別れの挨拶であり得、また別の或る時には友情や和解の挨拶たり得たのか。彼は、それを身体論的にも、また政治論的にも問おうとはしていないのである。歴史家に対するないものねだりであることを充分弁えながらも、筆者は、この点に不満を覚える。(15)

5 日本文化はなぜ触覚的感覚を抑圧したのか

ここで、翻ってもう一度、日本文化が握手の慣行をもたなかった事実に検討を加えてみよう。握手を初めとする触覚的な感覚を文化的に抑圧することに介在したのは、日本では、ヨゴレ（ないしはケガレ）の観念であった。ダグラスは、知覚対象を分類することで認識が生まれ、認識過程で物事の概念化と諸概念の秩序化が起きると考えた。人間がその主人公として住んでいる一つの宇宙とは、このような概念の相互規定関係としての秩序の広がりのことである（Douglas 1975）。多くの文化が、宇宙観の一貫性を維持するために、概念（の秩序）からはみ出すものを、ヨゴレないしはそれに類するものとして捉え、それを当該の宇宙から排除しようとしている。

日本の文化伝統では、日常的な時空での身体的接触は、ケガレやヨゴレをもたらす行為として、「汚い」という意識で捉えられてきた。したがって、握手などの身体接触に伴う感覚は、官能的なもの、或いは（それゆえに）汚くいかがわしいものとされた。現在でも、この意識は潜在的にまだしぶとく生きている。例えば、筒井康隆は、芝居の幕間における観客の振る舞いに触れて、こう述べている。「作者、演出家、劇評家らしきひとを見かければ大いに話しかけてよろしい。ただし幼稚な議論と握手はいけません。握手というのは、あれは、無意味で、脅迫的で、不潔で、色欲的で、説明的で、陰湿で、粘液的で、ずるずるべとべとの、非常にいやらしい習慣であります」（筒井　一九八三：一一四）――まるで、エピグラフに引いた、トランプさながらに。

では一体握手のような接触行為は、どのような概念規定を脅かすのだろうか。それは、まず何よりも自他の概念の混乱をもたらすと思われる。松浦が、触覚的体験とは、「自己同一性を不意に曖昧にする逸脱体験だ」と述べた通りである。自他の概念的秩序の擾乱は、自分が属する様々な社会的範疇と他者のそれとの区別全体の擾乱へと、容易に拡大され得るであろう。それらの、本来明確に区分されるべき社会的範疇とは、例えば、士農工商であり、男女であり、親子であり、長幼の序等々である。

松浦の言うごとく、握手のような身体接触行為が「主体と客体との画然とした分離による認知の構図が

写真3　故ラビン・イスラエル首相（左）と握手する故アラファトPLO議長
（ロイタ＝共同提供）

無効となり」、「なすすべもない崩壊感覚のなかで存在の基盤が脅かされる臨界点の経験」であると、万一社会で広く意識されたとしよう。そうすれば、区別という名の差別に根ざす自他の概念的把握のあり方が脅かされ、ひいては社会的範疇の秩序が脅かされることにもなりかねない。握手には、自他の認識のなにがしかの解除感覚が確かに伴う。だから握手には、それを介して、社会的範疇の強度を緩和する作用が幾分なりとも随伴する。だからこそ、ルーデンバーグが指摘した通り、握手がヨーロッパの或る時期において友情や和解の挨拶たり得たのである。その身体的基盤は、まさに接触の共体的感覚に求められると考え得るのではあるまいか。

実際、握手と言う身体接触の一形式を挨拶儀礼として慣行化することには、社会的範疇の秩序が掻き乱される、いささかの危険が常に伴っていると言って良い。外交関係の現実的な表明と言う観点からは、握手などの取るに足らない細目が実に国家的な重大事であり得たのだとするルーデンバーグの見解は、それゆえにこそ生きてくるのである[16]。

三　キプシギスの握手と挨拶

握手の社会的、政治的な側面を分析する場合に重要なのは、この行為が行われる状況の適切な記述である。中でも大切なのは、握手の当事者が誰であり、両者の社会関係がいかなるものであり、そのどちら側から先に行為が働きかけられるかと言う点である。また、握手が挨拶行動として行われるとすれば、たいがいは挨拶の言葉が伴うと予想して良い。それゆえ、握手とそれに付随して交わされる挨拶言葉の関係性の分析が、これらに劣らず重要な点になるだろう[17]。

1　キプシギス人とその社会

キプシギス人は、ケニアの赤道直下に広がる海抜一五〇〇～二〇〇〇メートルほどの高原地帯に住む農牧民である。そのほとんどが、リフトヴァレー州ケリチョ県と、一九九五年に同県から分離したボメット県に住んでいる。この両県では、キプシギス人が人口のほとんどを占める。ボメット県の南、ナロック県でもマサイ人に次ぐ人口をもつ。結婚は、一夫多妻を原理とするが、今日では青年男性の複婚率はきわめて低い。結婚後の居住形式は新居住ないしは夫方居住である。各世帯は妻とその子供たち（と夫）で構成され、それぞれ数エーカーから数十エーカーの農牧地をもつ。複婚の場合、妻単位の世帯は、地理的にかなり（往々数十キロメートル）の距離をおいて別々に暮らす。主食となるトウモロコシのほかに、北部では茶を換金作物として栽培する。数頭から数十頭の牛を飼育し、山羊、羊、鶏も飼う。だが現在でも、文化的には牛牧民を強く自認している。キプシギス語は、南ナイル語系のカレンジン語に属する。

現在でも、割礼を伴う加入礼を男女共に行う。ただし、女子割礼の慣行は、ケニア政府による禁止を受けて急速に衰退に向かっている。加入礼の執行に基づいて編成される年齢組＝年齢階梯複合体系に即って、男性の「世代」的な範疇とそれに付随する基本的な社会的地位が決まる。キプシギス民族は、数百を数える外婚的な父系氏族の緩やかな連合体だが、分節的氏族体系が見られず、人々は親しい人々の氏族名を幾つか知っているに過ぎない。つまり、氏族ではなく、年齢組＝年齢階梯複合体系こそが、民族全体を包み込む最も重要な社会組織となっているのである。

かつて、女性は夫が属している年齢組に帰属し、自分自身の生物学的な年齢ではなく、夫の年齢組の新旧の序列に準じてその社会的な地位が決められていた。しかし今では、女性の社会的地位は、彼女の実年齢にほぼ相当する男性たちの年齢組に見合うかたちで評定されている。この他、政府組織や学校組織など、今日の「国民国家」ケニアがもたらした新たな識字的制度に伴う地位や、貧富の差も、人々の間の相対的な地位関係の認識に少なからぬ影響を与えている。

2　キプシギスの握手と挨拶

キプシギスでは、最も一般的に握手が行われるのは、出会いの挨拶としてである。また握手は、この他に、村の長老裁判にも、離婚儀礼などにも組み込まれている。

まず、出会いの挨拶の構成要素としての握手の考察から始めよう。この場合、キプシギス人にきわめて特徴的なのは、社会的な地位の高い者（普通はより古い年齢組に所属する者）が必ず先に挨拶行動を開始することである。つまり、目上の者が最初に働き掛けるのが、キプシギスの挨拶行動の必須の規則なのだ。そしてこの点で、世界の多くの民族の挨拶の規則に反している。例えば、近隣の民族でも、キプシギス人に文化的に深く大きな影響を与え続けてきたマサイ人の間では、目下の者が、進んで相手に近づいて、（身を低くして）挨拶行動をしなければならない。

ところで、オーチャードソンが指摘している通り、キプシギス人は何事に対しても慎み深く、温和で、余程のことがない限り怒りを露にすることはない（Orchardson 1961：34-43）。筆者も、一九七九年以来の長い付き合いの中で、無知ゆえの失敗はたいがい笑って大目に見てもらえた。しかし、言葉の不自由さからつい知人を指差してしまったときと、私のほうから或る老人に挨拶をしたときだけは別だった。前者では、温和な知人が突然怒りに震え出した。後者では、老人の顔には、不興をどうにか噛み殺している内面の苦渋が、意志に抗って滲み出て表れていた。

さて、握手は、たとえほんのわずかでも挨拶言葉を発する前に始められる。また、別れに際して握手がなされるのを、つい最近まで全く目撃したことがなかった。（例外行動の主は若者たちである）。この二点も、キプシギスの挨拶行動の重要な特徴なのである。

挨拶は、当事者の双方が立った姿勢で行われる。目上の者が右手を差し出し、目下の者はそれに呼応して、差し出された相手の右手を握る。右腕に左手を添えるのが、一層丁寧な仕方である。握った手を振って強調することも稀に行われるけれども、相手の指を親指から小指へと順に一本ずつ強く握っていき、最後にもう一度手全体を握って強調するのが普通の方法である。さらにそれ以上強調したい場合は、小指から親指方向へ指を順に握り戻す行動を追加する。いずれの場合にも、目上の者は右手の親指を上向きにするかたちで、この行動を実施する。なお、目下の者が相手の指を握る場面を見たことがない。また、まず握手を求めるのは、常に目上の者であるから、握手を敢えて拒むことはきわめて不敬で、異常な事態になる。

3　*kat*（挨拶する）と*kat-ge*（握手する）の内包

キプシギス語では、「挨拶する」を*kat*、「握手する」を*kat-ge*と呼ぶ。*kat-ge*は、*kat*に再起代名詞*ge*が伴った語形であり、日本語に訳せば、「挨拶を交わす」ことをも意味する。ただし、注意を要するのは、*kat-ge*は「自分自身を*kat*する」ことであり、「互いに*kat*する」（*kat-dos*）ことではないことである。さらに、ここでは*kat*を仮に「挨拶する」と訳しておいた。しかし、この語が本来的に内包するものが何であるのか、もう少し立ち入って検討しておかなければなるまい。

長島信弘によると、*kat*（＝*gat*）[18]は、東アフリカの、いわゆるパラ＝ナイル語系の言語の少なくとも幾つかに共通して見られる、或る重要な宗教的観念を表す「語根」であると言う。つまり、ウガンダの北テソ語で「呪詛」を意味する*akigat*は、ケニアの南テソ語では「祝福」を表す。長島は、ダイソン＝ハドソンの報告を引いて、ウガンダのカリモジョン語の*ekegatan*が、老人たちが集合的に「呪詛」と「祝福」を行うときのリーダーを意味している事実にも注目する。そして、「*gat*という語根の理解は『呪詛』と『祝福』という対立に発展する以前の、『神秘的な力の正当な行使』といった意味が含まれている」可能性を想定している（長島　一九八一：一六―一七）。

長島の見解は、キプシギス語の *kat* の内包を考えるうえで、重要な示唆を与えてくれる。キプシギス語には、*nyogat* と言う語がある。*nyogat* は、*nyo*（来る）と *kat* が複合して出来た動詞だと考えられる。*nyogat* は、仮に「儀礼的な謝罪行為をする」とでも訳せよう。犯罪を犯した者は、その日の晩のうちに素速く *nyogat* を試みるだろう。ただし、時宜を失すると、*nyogat* は効力を失う。

例えば、空のミルク瓢箪とその内部の洗浄に用いるヤシの葉柄など、*nyogat* の要件とされる決まった品物を夜陰に紛れて密かに被害者の家まで携えていき、その家の庭にそれとわかる仕方で置いて帰る。翌朝、加害者は自ら名乗り出る。加害者がこうして相応しい手順で *nyogat* に訴えた以上、被害者はいかなる場合でも怒りをおさめて、加害者を許さなければならない。そして、盗みの場合、盗んだ物は、催促なしの長期の負債に変わることになる。

万一、加害者に許しを与えることを頑なに拒むとすれば、今度は社会の指弾を受けるのは被害者の側になる。娘が犯された場合でさえも、それは例外ではない。この時、被害者は、加害者に握手を求め、〝*Momi ng'ala.*〟と言葉を掛けて許しを請け合わなければならない。〝*Momi ng'ala.*〟は、文字通りには「言葉がない」と訳せるが、特に言葉を発すべき事柄がない平穏な状態にあることの表明である。これは、挨拶の場で安否を問う言葉に対する応答として汎用される、定型化された言語表現でもある。

nyogat の全過程は、握手と〝*Momi ng'ala.*〟の言葉で締め括られる挨拶行動の、一つの変異形であると見ることが出来る。一方 *nyogat* を機能的に見れば、正当性を主張できない立場にある者が、正当な手続きを踏むことによって、正当な立場にある者に対して「神秘的な力」を行使して許しを強要する儀礼行為であると言えよう。ここで注目しておかなければならないのは、次の事実である。*nyogat* の終結場面

だけを見れば、握手を求めるのは優位な立場にある者だが、挨拶行為の一変異としての *nyogat* を発動させるのが常に劣位者であることだ。しかも優位者は、〝*Momi ng'ala.*〟という定式的な返辞を一切の感情を抑えて返すことを強いられているのだ。つまり、機能的に見ると、*nyogat* は挨拶行動の作用方向をそっくり逆転させた儀礼行為だとも言える。

4　離婚儀礼と長老裁判に組み込まれた握手

キプシギスの伝統では、離婚は夫婦の間の隠れた親族関係が発見された場合にのみ可能だとされていたので、事実上離婚は不可能に近かった。だが今日ケニアでは、民族の慣習法による村の（長老）裁判の上部に西欧的な法廷機構を接ぎ木した、二重法制を敷いている。この二重法制は植民地時代に英国によって始められたものだが、それ以来キプシギスでも離婚は酷く珍しいものではなくなった。

離婚には、法的な裁定の他に、社会による認知を得るための儀礼を執行する必要がある。この離婚儀礼では、妻側からなされるべき婚資（結納）の返済の委細が決められた後、別れようとする夫婦が握手を交わし、お互いの「粥名」（*kainetap musarek*）を呼び合う。「粥名」は幼名の一つであり、出生時間、出生場所、出生に因む出来事、出生時に並行して起きた出来事など、赤ん坊の出生を特徴づける状況のなんらかの指標に因んで付けられる。

今ではかなり廃れた慣行だが、夫婦の間では、相手の粥名は言うに及ばず、粥名に含まれる語も日常的に口にしないのが、伝統的には厳格な規範であった。たとえば、夫の粥名が *Kiprotich*（「夕方牛が放牧から戻ったときに生まれた男の子」）であれば、妻は *ro*（牛が夕方放牧から戻る）と言う動詞を用いてはならず、必ず *bwa*（来る）など別の動詞で代用した。一方、仮に妻の名が *Chebii*（「母家の周りの環状の幅の狭い露地で生まれた女の子」）であれば、夫は母家の周りの露地を指すのに *bii* を用いず、近縁のナンディ語における同意語 *sang*、で代用した。

このような呼称慣行の根底には、粥名で呼び合える成人の異性は結婚可能な者同士だけだ、と言う観念が存在していた。万一夫婦の一方が相手を粥名で呼ぶとすれば、互いに結婚可能な者、即ち赤の他人として認知したことになり、言語の神秘的な力が結婚を無効にすると考えられたのである。ここで言う「無効」とは、子供が生まれなくなること、生まれた子供が死ぬこと、ならびにその結果として起き得る好ましからぬ諸々の事態の効果を意味している――キプシギス人にとって、結婚とは、何にもまして子孫を残して家系を永続させるための制度である。それゆえ、このような信仰は今日でも、離婚儀礼の中に象徴形式として受け継がれていると言えよう。

ところで、先に、握手は村の長老裁判にも組み込まれていると述べておいた。村の長老裁判では、「判決」ないしは裁定が出された後、当事者を代表する二人の男性が握手をしながら、その場を立ち去る儀礼行為が必ず行われる。この時両者は、〝*Momi ng'ala.*〟またはそれに相当する〝*Mutyo*〟という定式的な言葉を掛け合う。伝統的には、村の長老裁判の裁定を拒否することは出来なかった。万一拒否すれば、長老たちの集合的な呪詛を受けることを覚悟しなければならない。それは、確実に死を意味した。しかし、今日では、不服であれば、裁判所に控訴することが可能である。控訴を希望する場合には、長老裁判の場で握手はしない。なお、ケニアの現在の二重法制下では、民事に関する訴訟の場合、村の長老裁判は一審に当たる必須の過程として位置づけられている。

5　握手の象徴的な意味

キプシギスの「儀礼的謝罪」、離婚儀礼、長老裁判のそれぞれに組み込まれた握手（*kat-ge*）には、それらに共通する象徴的な意味作用があることが、既に十分に推定可能であろう。その各々の場合、握手は、それぞれ犯罪、婚姻、係争と言う、現今の問題状況をいったん無化することを象徴している。そして、握手に次いで発せられる挨拶言葉の内容が、それ以後の状況をもう一度新たに規定する。即ち、「儀礼的謝罪」ならびに長老裁判における〝*Momi ng'ala.*〟（「言葉がない」）の発話は、両者の間に特に言及すべき確執が何も存在しないことを公的に表明し、爾後の両氏族の関係をそのような平穏なものとして定義する。また、離婚儀礼において、別れようとする夫婦がお互いの「粥名」を呼び合うことは、それ以後は互いに結婚可能な者、即ち赤の他人同士として認知し合う状況を公式に即座に呼び入れる。

これらの事実は、何も奇異とするに当たらない。何故ならば、言語とは第一に社会制度であり、生まれてくる個人にとっては、既に自分の存在以前に存在し、社会から与えられるものである。そして言語の構造的な作用は、まず第一に社会的なものであり、その働きは何よりもまず概念化なのである。

このように、キプシギス社会では、握手が既存の状況や関係の無化を象徴する行為として慣行化されている。その背景には、手と言うきわめて鋭敏な感覚の受容者＝発信者を互いに繋ぎ合わせることである握手が、特別に官能的な身体接触行為なのだと言う、社会的な自覚が存在している。さらには、握手には自我の崩壊や自他感覚の擾乱、いわば小さなエクスタシー（あるいは、松浦の言う「微小なオーガズム」）が伴うことについての社会的な自覚がある。

これを、最も端的に証するものとして、相互に「妻の母親」と「娘の夫」の関係になる男女の間で握手が禁じられている事実がある。もともと、伝統的なキプシギス人の間では、「妻の母親」と「娘の夫」は、文化人類学で言う定式化された「性的忌避関係」にある。この関係にある者同士が握手を交わしたとすれば、両者は性関係をもったものと見做されてしまうのだ。もし、両者の性関係は、キプシギス社会の性と婚姻の規制に反していて、それを破滅させる、きわめて重大な罪なのである。

伝統的なキプシギス人の間に見られる「妻の母親」と「娘の夫」との間の性的忌避関係は、食事慣行にも及んでいる。「娘の夫」は、「妻の母親」が料理したものを食べてはならない。この規範の違反もまた、両者の間の性関係の証しであると解されることになる。

前節で、多くの文化が食べることと性交とを類比的に捉えていること、そしてその根源的な理由を、触覚と味覚とに共通する知覚対象との距離関係の同一性（即ち、接触性）に見出すべきだと述べた。キプシギスの事例は、私のこの判断に支持を与える一つの好例だと言える。生きることの中で、何よりも官能的なのは、性と食に関わる諸事象である。キプシギス人は、たとえ無自覚的ではあれ、握手をそれらに類するきわめて官能的な行為として受け止めているのだ。(19)

6　キプシギスの挨拶言葉

さて、いよいよ、キプシギスの挨拶行動に組み込まれた握手行動を詳しく検討しなければならない。そこで、キプシギスの挨拶行動を、まず発話行為の側面から記述・分析してみよう。

キプシギスの挨拶言葉は、時刻による変異を全く伴わない。ただし、挨拶の当事者の数、性、年齢、相互関係などによって、幾分のニュアンスの違いが生まれる。今、思い切って一般化しておけば、“*Ochamege?*”

（「お前たちは、大丈夫か?」）、〝*Ee*〔*kichamege*〕*missing*〟（「はい、とても〔大丈夫です〕」）をもって挨拶言葉の交換が始まる。それから、〝*Ochamege oling'wong'?*〟（「お前たちの所は、大丈夫か?」）、〝〔*Ee*〕*Chamege*〔*missing*〕〟（「〔はい〕〔とても〕大丈夫です」）のごとく、相手の状況の具体的な細部が次々に尋ねられ、答えられていく。「お前たちの所」に次いで、お前たちの家、〔女〕子供、牛、山羊・羊などの安否が問われるのが普通である。応答者が、大丈夫でないことを告げたい場合は、いったん大丈夫だと告げておいてから、「でも……」と切り出さなければならない。

挨拶言葉の中核をなしているのは、*cham* と言う動詞の再起形、*cham-ge* である。*cham* には、例えば、〝*Ichame tuguchu?*〟（「お前は、これらの物が好きかね?」）、〝*Kacham.*〟（「好きです」）のように、「好きである」や「愛する」の意味がある。また *cham* は、〝*Machamuon borto.*〟（「私は、体の具合が悪い」）のようにも用いる。この場合 *cham* には、「調和する」、「一致する」と言う語感が強い。〝*Machamuon borto.*〟は、「体が私と調和しない」と訳すほうが、キプシギス人の心に忠実であろう。

要するに、*cham* とは、「（何かと）調和し、その状態を好ましく感じる」ことである。だから、挨拶言葉の中核をなす *cham-ge* とは、「自分自身（の本来的なあり方）と調和し、その状態を好ましく感じる」ことなのだ。この場合も、*cham-ge* が意味するのは、自分自身と一致することであって、相手と一致し合う（*cham-dos*）ことではない事実を見逃してはならない。

今日では、*cham-ge* を相互に命令形で使う〝*Chamege!*〟―〝*Chamege!*〟が、最も一般的な挨拶言葉の交換の形になりつつある。「本来の自分自身と調和してそれに安んじよ!」と言い合うこの仕方は、従来は、同じ年齢組の成員同士の間で用いられていた形式であった。今日でも、加入礼の隔離期を共に過ごした同じ年齢組の成員同士は、実の同母兄弟以上に強い一体感で結ばれている。かつてキプシギスの年齢組成員は、全員が今日以上に強固な共体意識、つまり一人が全体を、また全体が一人を代表するという連帯意識で結ばれていた。これに反して、異なる年齢組の間には、かなり強い反発や政治的な対抗心と、またそれによる緊張関係が存在していた（第六章参照）。即ち、〝*Chamege!*〟―〝*Chamege!*〟は、年齢組員が相互に共体性を確認し合い、そうした自他のあり方を寿いで団結を強化し合う呼び掛けの言葉であった。

7　キプシギスの挨拶行動に組み込まれた握手と、その政治学

以上の記述と分析から明らかなように、キプシギスの握手を組み込んだ挨拶行動の骨子とは、まず握手（*kat-ge*）し、それから〝*Chamege!*〟の挨拶言葉を掛け合うことである。

先に見た通り、キプシギスの文化的な脈絡では、握手（*kat-ge*）は、自他認識の（混乱した）現状をいったん融解させ、無化することを象徴する行為である。そして、握手の直後に発せられる言葉の内容が、状況を再度新たに規定し直したのだ。そして *cham-ge* とは、自分自身（の本来的なあり方）と調和して安んじることであった。そうすると、機能的側面から見れば、握手を組み込んだ挨拶行動とは、既に幾分なりとも弛緩している自他関係をいったんさらに弛緩させて融解・解体させておき、それから時を移さず「本来の自分自身と調和してそれに安んじる」べく、改めて水路付け直す行為であると言える。

ところで、キプシギスでは「娘の夫」と「妻の母親」の間で握手が禁じられている他にも、握手に纏わる次のようなタブーが存在する。この事実は、以下に見るように、握手を組み込んだ挨拶行動に関する上記の解釈を強く裏づけるものだと言えるだろう。

即ち、握手は、垣根や窓、あるいは戸口など、空間の境界となっている物の両側（内外）からなされてはならない。一方、これとは対照的に、そのような場で挨拶言葉を掛けることは少しも問題とはならない。なお、今ここで想定されている状況では、「内／外」の概念的対立が当事者の意識に明示的であることを心に留めておかなければならない。

キプシギスの文化的な脈絡では、既に見てきた通り、握手は「自／他」の概念的対立を融解・解体させる機能をもっている。「自／他」の概念的対立は「内／外」の概念的対立の最も源初的なかたちであり、他の「内／外」の概念的対立へと容易に拡張され得るものである――そして、キプシギスの家屋の内外の空間は、実際幾重にも概念的に分割されており、それらは人間集団に関わる様々な「内／外」の概念的対立を象徴している（小馬　一九七八）。

「自／他」と「内／外」の概念的対立を行為において二重化し、肉化することを、キプシギスの文化は規範として個々人に要求している。これをまず確認しよう。そこで今、「自／他」の対立を溶解・解体させる握手が、「内／外」の境界を画する場の両側から行われると仮定してみよう。こうした状況では、「自／他」と「内／外」の概念的対立は二重化されるのではなく、逆に二律背反を導いてそれを背負い込んでしまうことになるのに気づくはずだ。空間的境界の具体的な刻印である垣根、壁、戸口などの構築物は、「内／外」の区分を永続化する物理的な実在であるのに反して、握手は「自／他」の区分を解消・緩和しようと作用するからである。垣根や窓、あるいは戸口の内外から握手することがタブーとされている理由は、まさにこの行為が具現する、こうした解決不能の二律背反にあると見ることが出来よう。

握手とは逆に、「自分自身（の本来的なあり方）と調和して安んじること」を命じる〝*Chamege*〟と言う挨拶言葉が、「自／他」の概念的区分の明確化を志向することを、右に既に述べておいた。挨拶言葉のもつこの志向性は、当事者が「内／外」に分断されている状況に親和的であると言える。それゆえに、垣根や窓や戸口の両側から、内外の境界線を超えて挨拶言葉を掛け合うことは、「自／他」や「内／外」の概念的対立を有効に二重化することになる。だから、この行為が実際に可能であるばかりではない。むしろ、戸口などでは、少くとも（咳払い等の）挨拶言葉の代用となる何らかの音声を発するのが礼儀なのである。また、遠方からでも目下の者に挨拶言葉を掛けることが、目上の者には期待されている。

キプシギスの握手を組み込んだ挨拶行動の機能的な側面をこのように把握するとき、彼らの挨拶行動を律する諸規則の文化的・政治的な必然性が見えてくる。そして、さらには、キプシギスの挨拶行動に組み込まれている握手を巡る、〔年齢組に基づく〕世代間の政治学の論理が背後から浮かび上がってくる。キプシギスでは、挨拶行動は、常に社会的に優位な者、つまり通常〔年齢組の形成順に基づいて〕世代が上の者から働きかけられる。そして、彼によって両者の相互関係があらためて規定し直されるのである。要するにキプシギスでは、挨拶行動は、老人支配体制（gerontocracy）の枠組みに従って遂行されるのだ――ただし「儀礼的謝罪」（*nyoetap kat*）だけは、これを見事に出し抜いて裏切り、逆手に取っている。

自分よりも古い年齢組に属する者が誰かに対して挨拶しようとすれば、人はそれを拒めず、必ずきちんと応対しなければならない。挨拶行動は、いわば常に老人たちの掌中にあって、老人の意のままに管理されているのである。老人たちは、その強制力を通じて、絶えず相手との関係を（再）規定し、若者を制動しようとする。[20] キプシギスの宗教的信仰によれば、老人は最も祖先に近い存在であり、それだけ強い呪詛の能力をもっていると考えられている。若者にとって、老人とは、ただでさえ油断ならない手強い存在であるが、握手と言う社会慣行は、老人の存在を若者にとって一層危険なものにしている。と言うのも、老人は、強調された握手行為と全く同じ動作によって、関係する或る人物の子供たちを呪詛出来ると信じられているからである。

ここに一つの事例がある。一九八三年のことだ。アラップ・チェブニョの息子は、年老いて盲いた父親に内緒でその土地を売り払い、僻地に新たに安い土地を買い求めた。息子は、住み慣れた土地を動こうとしない父親を騙そうとして、或る嘘をついた。それを見抜いたチブニョは、或る日その息子を呼んで握手を求めた。チェブニョは、「どうしたんだ、お前のこの手は。墓の中から出てきたばかりの者の手のように冷たいじゃないか」と問いかけながら、息子の右手の指を一本一本順番に握り締めていった。その数日後、同年に加入礼を受けることになっていた男の子（孫息子）が急逝した。その後間もなく女の子が、次いでもう一人の男の子がしばらく後に死んだ。さらに、チェブニョの息子のその他の子供たちも、一人また一人と病に陥った（小馬　一九八九：一三二―一三三）――この事例でも、モンタニーニの写真と同様に、手の指と人物との確かな連想関係が見られるのが興味深い。

一言で言えば、キプシギスの挨拶＝握手行動は、人間の諸範疇の区分を俄かに解除する反秩序的な身体的（非言語的）表出作用を介しつつ、次には言語の概念化作用によって既成の社会秩序へとすばやく帰還させる回路をなしているのである。握手は、確かに「微細なオーガズム」さえも伴う深い共感を作り出すだろう。だが個人は、握手に随伴する定式化された挨拶言葉の作用によって、すぐに再び、慣行によって制度化された既製の差異へと閉じ込められてしまうのだ。

さらにキプシギスの挨拶行動では、別れに際して握手がなされない。このことが、きわめて大きな特徴であった。と言うのも、もし別れ際に再び握手をするとしたら、挨拶行動によってせっかく新たに規定し直した望ましい関係と状況が再び融解し、自他の区分が混乱して弛緩した元の状況へ立ち戻ることになってしまうからではないだろうか。キプシギスの挨拶＝握手行動の機能が社会の意識されざる統制にあると言う筆者の推論が正しければ、別れ際の握手は、不必要な反復以上のものであるに違いない。合わせて言及しておけば、キプシギスの場合、離婚儀礼、長老裁判、「儀礼的謝罪」(*nyogat*) など、握手が組み込まれた他の儀礼的行為のどの場合にも、握手が反復されることは決してない。その理由もまた同一である。

一方欧米では、握手は別れの挨拶にも用いられている。この場合、別れ際の握手は、自他の区別の融解・緩和とそれが導く共体感覚をもたらした、出会いの挨拶の再確認であると考えられるのではあるまいか。別れ際の握手は、出会いの挨拶の意図的な反復であり、あえて言えば、リダンダントな行為なのである。これら両者の比較は、次のことを明らかにしているだろう。即ち、確かに握手行為は、一般に自他の区別を融解する触覚と言う身体感覚を、共通の基盤としている。しかし、行為の外形においては一見共通で相同である握手行為も、一文化における社会的・政治的レヴェルで検討するときにはおおいに異なり合っていて、時には対照的な機能さえもち得ることがわかるのである。

おわりに

伝統的なキプシギス社会は、数多くの小氏族のゆるやかな政治同盟体である。いわゆる王や首長のいない「平等主義的な」社会、或いは暴力的な脅迫システムを欠いた「統治者なき社会」であった。そして、ケニアと言う国民国家の中に組み込まれた現在でもなお、キプシギスのこの伝統は、大きな社会的な属性となっている。このような社会を維持し、発展させていくには、個々の社会成員間の差異が反発を超えて自発的な同調へと昇華されるような、様々な文化装置が用意されていなければなるまい。筆者は、キプシギスの加入礼（第六章参照）ならびに戦闘の組織原理に（小馬　一九九六参照）、既にその例を見出した。そして、本章では、握手を組み込んだ挨拶慣行の中に潜む、そのような機構の一層深い解明を試みた（小馬　一九八四、一九九一、Komma 1992 参照）。

より大きな文脈では、多くの社会で握手がなぜ出会いと別れの挨拶行動となり得ているのか、またなぜ友情や和解の挨拶行動たり得るのかを問おうとした。そして、握手と言う行為がもっている優れて触覚的な官能性が、その生理・心理的な基盤をなしていると指摘しておいた。つまり、それを理解するには、握手が自他の認識ならびに自他の差異の感覚を瞬時に融解する事実に注視しなければならないのである。

しかしながら、筆者にはケニアのキプシギス社会（とティリキ社会）をおいて他に、長いフィールドワークの経験をもつ社会はない。だから、多くの社会における握手と挨拶行動の政治学を統一的な視野から論じることは、まだ十分に出来そうにない。それゆえに、他の社会からもキプシギスのものと比較可能な詳細な記述的な資料が提示されることを強く願っている。そして、何時の日にか、一層広い脈絡における比較を通じて、握手と挨拶行動の政治学をもう一度あらためて論じてみたいものだ。

《注》

（1）トランプ（二〇一六：八一）。

（2）この節では、主に高橋（一九六五）を参照した。

（3）養老は、死体の中で最も気味が悪いのは、「第一に手。第二に顔、特に目」であると書いている。それは、「顔と手は、人のからだのなかで、いちばんよく動く部分だからであり」、他の身体部位にはない豊かな表情を持っていて、「相手が注目する部位」であるからだと言う（養老　一九九三：三六—三九）。

（4）Emilio Montagnini "Rosso Cardinale"（エミリオ・モンタニーニ、「深紅の枢機卿」）、『1992 Calenndar from Nikon Photo Contest International』、ニコン。

（5）日野文雄「農民の手」（フォトエッセイ　ムラの記憶　29）、『西日本新聞』一九九一年一一月六日号。

（6）ちなみに、既に池澤康郎も、「文楽といい能といい、いずれも顔の表情を利用することがない。この独特な舞台芸能が、手のしぐさの中に技巧を凝らす傾斜を辿ることは当然の成り行きであった」と述べている（池澤　一九八一：五一）。

（7）ついでながら、手と他の身体部位全体を対照的に捉えた日本語の発想としては、「手と身になる」（無一物になる）が挙げられる。

（8）なお野村雅一は、この点に関して興味深い指摘を幾つもしている（野村　一九八四：三三）。さらに注意すべきことは、今では手を握ると言えば同盟や仲直りを意味するが、これは外国語の影響下で成立した新しい用法であるらしいことだ。日本語の古い用法では、「手を握る」と言えば、その手は相手の手ではなく、自分自身の手であった。『太平記』に「如何あらんずとかたづを呑んで手を握る」とある例に見るごとく、この表現で意味されるのは、緊張の余り拳を作って握りしめることである。しかも、この場合、両手は握り合わされてはいない。一方、二人の手が触れ合う様は、「手に手を取る」というかたちで殊更に強調した表現が取られていた。

（9）ついでながら、一文化が手の接触をどう認知しているかと言う点でも、また先に論じた顔と手の対比と言う観点からも、次のエピソードは興味深い。一九七一年の或る夕方、早稲田大学のシルクロード南ルート調査隊は、パキスタンの寒村に宿を求めた。そこへ一人の村人が訪れて、斧で手に傷を負った妻に与える薬を乞うた。「安易に薬を渡して、思わぬ副作用のために患者の容態がわるくなれば、どうかすれば私たちの命にかかわる事態になりかねない」と言う状況判断から、或る隊員が怪我人自身の来訪を勧めた。しかし、イスラムの慣習は、女性が見知らぬ男に顔を見せることを禁じている。そこで隊は、彼女を布ですっぽり包み込んで連れてくることを提案した。これを聞いた男は、提案者の胸倉に掴み掛からんばかりに激昂した。「女の手は顔以上にプライベートな体の部分であり、あんたらのような異国人にみせられると思うのか」と言うのである（スチュアート　一九九三：四六―四七）。

(10)『朝日新聞』一九九二年一二月九日。

(11)『朝日新聞』一九九二年一〇月一一日。

(12) 本章の主要部分である第二節、第三節は、一九八九年五月に開催された日本アフリカ学会第二六回学術大会で報告した内容に修正加筆したものである。この折りにコメントを賜った方々に感謝したい。

(13) あるいは、交換論の視点からの解釈もあり得よう。レヴィ＝ストロースの言う通り、インセスト・タブーという根源的な禁止の発生によって、人間集団の内と外とが同時に分節された。この結果、人間集団は女性を交換し（婚姻）、食物などの財貨が女性とは反対、または同じ方向へ流れ（経済）、メッセージは双方向に流れ始めた（言語）。即ち、性交と食べることとの、「消費」としてのアナロジーの構造的な背景をここに求める解釈である。

(14) ところで、ピュタゴラスの教団は食の節制を徹底し、沈黙と清浄のうちに自らの魂を見つめ、神的な本性を回復して純粋存在に至ることが救済であると説いた。ディオゲネス＝ラエルティウスによれば、ピュタゴラスのモットーの一つとして、余り強く握手しないことがあった（Diogenes Laertius 1979：337）。この事実は本章の文脈において示唆的である。

(15) ところで、ボールディングは、握手や挨拶などの礼儀行動を文明化過程の「社会的ダイナミックス」から把握すべきだと主張している（ボールディング　一九六七）。

彼は、戦争とは、人々から余剰を徴収する強制組織である都市が発展していく過程でもある、文明化過程に特有な、組織された武力の相互作用であると言う。そして、その戦争に代表される脅迫に対処できる有効なテクニックの一つとして、礼儀行動を挙げる。即ち、宗教・道徳・行儀などと並んで、礼儀行動は精巧な統合システムの一部であると見るのである（ボールディング　一九六七：六九―九四）。そして、この意味で握手は、無名の、しかし重要な社会的発明だとする（ボールディング　一九六七：一一）。

こうした発想は、筆者の言う「握手の政治学」を考えるうえできわめて重要であろう。しかしながら、ボールディングは、握手が何故「『相手の心を和げる』と呼び得るような多くのテクニック」（ボールディング　一九六七：八七）の一つであるのか、その生理・心理的なメカニズムを分析してはいない。

(16) 国際政治における握手の一場面をボディー・ランゲージとして読み解いた、短いが優れたエッセイがある（船橋洋一「調印式で見せた握手のボディーランゲージ」『週刊朝日』一九九三年一〇月一日号、四六―四七頁）。一九九三年九月一三日、イスラエルとパレスチナ解放戦線（PLO）の「暫定自治協定」調印式がホワイトハウスで行われた。この式典で、アラファトPLO議長とイスラエル首相ラビンが握手を交わした。まず、微笑みながら手を差し出したのがアラファトであり、ラビンは顔をこわばらせ、やや躊躇いがちに応じた。両者の背後には米国大統領クリントンがいて、大きく開いた両手を両者の肩に触れんばかりにして握手を促していたが、両者の身体には触れなかった（写真3（一九二頁））。

現実の政治場裡で窮地に立っていたのは、孤立して財政破綻に苦しんでいたPLOであった。テロリスト集団のイメージを覆すには、軽さを演出するのがいい。一方、ラビンは、「どうにもおさまらない心の葛藤をにじませ、人々の苦悩への共感を表現し」た。それは、同じ苦悩を生きているパレスチナの人々への共感の表現でもあった。彼は、こうして「人間としてのレベルでの和解」を呼びかけたのだ。目を潤ませたクリントンの節度ある態度は、両者の秘密交渉では傍観者でしかなかった米国の位置ばかりでなく、握手、即ち和解の自発性をも象徴していた。それは、さらに、米国の過度のコミットメントではなく、節度こそが世界秩序作りに貢献することを、世界に印象づけた。船橋は、略々以上のように述べている。

(17) 一九九三年一一月にシアトルで開催されたAPEC（アジア太平洋経済協力会議）の非公式な首脳会談では、今日の国際政治の舞台においてもこの点の考察が必要であることを示す一場面が見られた。

中国は、香港と台湾が国家ではないと主張した。クリントン米大統領は、李登輝台湾総統の代理として閣僚の一人である蕭万長が出席する策を講じて、中台の妥協を図った。「蕭氏は中国以外の十二の国家地域の首脳として（握手して）言葉を交わした。しかし（中国の）江首席とは握手をしたものの言葉は交わさぬままだった」（「APEC余聞」、朝日新聞、一九九三年一一月二六日〔夕刊〕、括弧内は筆者が補足）と伝えられる。

(18) キプシギス語では、他のカレンジン諸語と同じく、有声音と無声音は音韻として対立しない。だから/g/と/k/、/d/と/t/、/b/と/p/、/j/と/ch/の音は原則的に区別せず随意に表記される。

(19) キプシギス人（南ナイル語系）の西隣に住むバントゥ語系のグシイ人にも、ほぼ同様の観念と慣行が見られる。さらに、グシイ人の間では、「子どもが割礼をおえると、父親は彼らにさわったり、だいたり、握手してはいけない」（松園一九九〇：一〇九）と言う。

松園は、「門閥や社会階級、さまざまな職業集団、官僚制といったものを発達させてこなかった社会は、そのかわり男女差、年齢差、血族と姻族、血縁関係のとおいちかい、男系と女系、などのような人間が集団をつくっている以上かならずそなわっているものをせいいっぱい活用してきた。そうやってメンバーでグループわけし、そのなかに支配と従属、協調と対立、親和と忌避、依存と保護など、さまざまな人間関係をもちこみ、それを道徳や規範とすることで、社会の秩序をいきわたらせようとしてきた。グシイの忌避と冗談関係は、そうした努力がもっとも精緻な形で表現されたひとつの典型だと思う」（松園　一九九〇：一〇七—一〇八）と述べている。

握手慣行の規制も身体の社会的な管理を通じてそのような精緻な組織化に役立てられたのである。ただし、グシイの握手慣行のあり方はいささか硬直的であり、本節第6項以下で述べたキプシギスの事例のように老人（＝中心的秩序）側には自在な操作性を付与されていないようである。そのゆえであろうか、グシイでは父子間の対立と緊張関係は現在でもきわめて著しく、父子間の殺人事件が増えていると言う（松園　一九九〇：一一〇）。

（20）ところで、かつてキプシギス人の間では、男性が結婚適齢期に達したと判断される指標の一つは、腋毛が生え揃うことだった。まだ洋服が一般化していなかった時代、大人たちは若者と握手を交わしながら巧みに相手の腕を差し上げて、彼が娘の結婚相手にふさわしいほどに肉体的な成熟を遂げているかどうかを確かめたという（小馬　一九九二：七四）。

《参考文献》

Diogenes Laertius (1979) *Lives of Eminent Philosopers* (with an English Translation by R. D. Hikes), London: Heineman.

Douglas, Mary (1975) *Implicit Meanings: Essays in Anthropology.* (1st ed.) London: Routledge and Kegan Paul.

Komma, Toru (1992) "Language as an Ultra-Human Power and the Authority of Leaders as Marginal Men: Rethinking Kipsigis Administrative Chiefs in the Colonial Period," *Ethnological Studies* 31, pp.105-157, Osaka: National Museum of Ethnology.

Orchardson, Ian Q. (1961) *The Kipsigis* (*1st ed.*), Kampala, Nairobi, Dar es Salaam: East African Literaturu Bureau.

Roodenburg, Herman (1991) "The 'Hand of Friendship': Shaking Hands and Other Gestures in Dutch Republic," in Bremmer, Jan and Herman Roodenburg (eds.) *A Cultural History of Gesture* (*1st ed.*), pp.152-189, Cambridge: Polty Press.

ボールディング、K.（一九六七）『二十世紀の意味』（清水幾太郎〔訳〕）岩波新書。

ヘンリ、スチュアート（一九九三）『はばかりながら「トイレと文化」考』文春文庫。

池澤康郎（一九八一）「手」、『is』（ポーラ文化研究所）一二号、四八—五一頁。

ヤーコブソン、ローマン（一九七八）『言語と言語科学』〔ヤーコブソン選集　2〕大修館書店。

小馬　徹（一九九二）「キプシギス人は、なぜミズスマシをグシイ人の牛と呼ぶのか——キプシギス人の詩的創造力をめぐって」、『スワヒリ　アフリカ研究』（大阪外国語大学アラビア語・アフリカ語研究室）、第三号、六三—七八頁。

小馬　徹（一九九一）「『知恵』と『謎々』　——キプシギス文化の大人と子供」、『社会人類学年報』（弘文堂）、第一七巻、一九—五〇頁。

小馬　徹（一九八九）「両手の拳、社会、宇宙——手の指による数の指示法に組み込まれたキプシスのコスモロジー」、『国立民族学博物館研究報告』、第一四巻第一号、一三一—一三二頁。

小馬　徹（一九八七）「キプシギスの『火』のシンボリズム」、和田正平（編）『アフリカ——民族学的研究』同朋舎出版、三一—四八頁。

小馬　徹（一九八四）「超人的力としての言語と、境界人としての指導者の権威——キプシギス族の行政首長再考」、『アフリカ研究』（日本アフリカ学会）、第二四号、一—二一頁。

小馬　徹（一九九六）「アナロジーとしての戦闘と医薬——医療人類学以前」、飛永精密照他〔編〕『薬・自然・文化　第二巻』昭和薬科大学、四七〇—五三七頁。

松浦寿輝（一九八四）「指と記号」、『is』（ポーラ文化研究所）二五号、三八—四一頁。

松園万亀雄（一九九〇）『グシイ——ケニア農民のくらしと倫理』弘文堂。

モース、E・S（一九七〇）『日本その日その日　2』（石川欣一〔訳〕）、平凡社。

長島信弘（一九八一）「呪詛と祝福——ケニア・テソ族のイカマリニャンクランを中心に」、『一橋論叢』、第八五巻第六号、一六—一七頁。

野村雅一（一九八四）「ふれること・さわること——『身ぶり』の比較民族学」、『is』（ポーラ文化研究所）二五号、三三—三五頁。

高橋長雄（一九六五）『小事典　からだの手帖』講談社。

伴田良輔（一九九〇）「指の光景」（絶景の幾何学1）、『is』（ポーラ文化研究所）五〇号、一一六—一一七頁。

トランプ、J・ドナルド（二〇一六）『金のつくり方は億万長者に聞け！——大富豪トランプの金持ち入門』扶桑社。

筒井康隆（一九八三）『言語姦覚』中央公論社。

養老孟司（一九七八）「顔の見方」、『図書』（岩波書店）第三五二号、二一—二五頁。

養老孟司（一九九三）『解剖学教室へようこそ』筑摩書房。

第六章　通過儀礼としてのイニシエーションの論理

「ある状態から他の状態に移行することは重大なことで、特別の注意を払わない限りうまく行かない」という考えさえ認めれば、死と再生は単純で正常な観念であることがわかるのである。(1)

はじめに

人生周期（life cycle）の進行と共に、誰もが思春期の反抗、結婚、加齢（と老後）、死と言う、普遍的で避け難い実存的な問題に直面する。思春期は家庭から社会への、結婚は（その中に生まれ育つ）定位家族から（結婚して自らが新たに作る）生殖家族への、また死は現世から来世への移行を画すると言える。そして加齢は、肉体の衰弱過程であると共に、死への長い準備期間という一面をもっている。伝統的な共同体は、どこでもこれらの（存在のあり方の劇的な移行という）「危機」に対処する集合的な論理を備えており、それを定期的・不定期的に体現する諸々の儀礼を執り行って解決するのが慣習となっていた。だが現代人は、今やそうした集合的な知恵から大きく遠ざかり、これらの人生の危機には一個人として単独で直に向き合わなければならないのである。

ただし、「危機」に対処する集合的な知恵やその論理には、本書の主題である「『統治者なき社会』と統治」という観点からすると、誠に巧妙な「『統治者なき社会』の統治」の一様態を導くものであると言うことができる、重大な側面がある。

本章では、まず人生儀礼の意味、ならびにそのしくみと論理を考察し、次いでイニシエーションとしての成年儀礼に焦点を当てる。そして、キプシギス民族のイニシエーションが実に見事に「思春期の反抗」という厄介で破壊的な力を社会建設の力へと変えてきたことを、その独特の論理構造を明らかにすることを通じて論証する。

一　「運命」としての思春期

かつて世界中何処でも普通に見られた一連の人生儀礼の多くが、生活の個人化や合理化、宗教の世俗化の進展と共に衰退してしまった。それは、個人の外面の自由は法で規制するが、内面の自由には干渉しないという、西欧近代社会の大原則がもたらした必然の帰結であった。しかし、先に述べた通り、その欠落が招いた困難もまた実に大きかった。分けても、今個人の心理と社会の空気に最も重くのしかかっているのは、成年式（puberty rite）不在の思いがけないほど大きな代償とその影響なのではあるまいか。

1　「理由なき反抗」と文化

一九九七年、神戸市須磨区で起きた猟奇的な連続児童殺傷事件の犯人が十四歳の少年（「酒鬼薔薇聖斗」）

だったことが、日本社会を震撼させた。さらに二〇〇三年には、長崎市内の十二歳の少年が幼児を誘い出して殺害し、凶悪事件の低年齢化を一層強く印象づけた。

確かに、凶悪犯全体に占める少年の比率は高まっているし、些細な事柄がきっかけとなったり、動機の見えにくかったりする少年凶悪犯罪が少なくないという「実感」のようなものがある。しかし、実はこの種の事件は、他の時代にも往々見られたものであった。むしろ、現代が抱える真の問題は、親も学校も、また社会も、こうした状況にうまく対処する枠組みをもっていないことのほうである。

次の出来事は、この事情を象徴しているだろう。一九九七年、或る民放テレビ局のニュース番組に出演した男子高校生が、自分は法的な制裁を恐れて辛くも踏み止まっているものの、いったいなぜ人を殺してはいけないのかわからないと述べて、視聴者に衝撃を与えた。ところが、同席した大人の出演者たちは、誰一人としてその場できちんと論理的にこの高校生に反駁できなかったのだ。こちらのほうが、むしろ一層深刻な事態だったのではなかろうか。

これは、何も日本だけの特殊な事情ではない。他の先進（脱）工業国でも少年の重大犯罪が頻発しているが、どの国も有効な対処法をもっていない。日本では、先述の二〇〇三年の長崎事件の直後、凶悪犯罪の低年齢化対策として、少年法が改正・強化された。欧米諸国も概ね同様の対応を試みてきたというのが、実情だ。では法規制は、いったいどこまで有効なのだろうか。

2　法・道徳の論理、儀礼の論理

ここで、M・フォーテスが、暮らしの安寧を乱す二つの要因として、生の衝動と共に個人の運命の不確かさを挙げたことに注目しよう。彼は、法と道徳は生の衝動を、一方儀礼は運命の気まぐれを、社会が統御する手段だという。儀礼は、或る個人の幻想を具体的に公示して、それに対する知的な対応への道を開いてくれる。伝統的な共同体で儀礼が実際に有効なのは、慣習が皆に共有されていて自明で、個人の価値が同時に全体の価値でもあるからだ。彼は、そう述べている（Fortes 1956）。

フォーテスのこの仮説を受け入れると、次に問われるのは、思春期の反抗が生の衝動のみに関わると見て、法と道徳で対処すれば済むのか、ということだ。国家の法律は、結婚や飲酒・喫煙等の諸事項に関して、統一基準を立てず、個々ばらばらに成人年齢を定義している。だから、全体に統一性がなく、法令間に往々齟齬と不整合が見られる。先に触れたニュース番組での少年の件の発言は、一面では、確かに法の抑止力を裏づけてもいる。だが反面では、思春期の少年たちの内面に巣くう不定形の反抗心を法で抑え込むことの限界をも露わにして、それゆえに社会を深く戦慄させたのだった。

加入礼の割礼小屋をともにする少年たち

少年から成人へと移行する思春期は、本人に鋭い緊張を強い、親や教師を深刻な試練に直面させる。事実、日本社会は、一九六〇年代末からの大学紛争（闘争）とその後の「荒れる高校・中学校」を経験した。それに続く「苛め」現象が、表面的には法（実力）と道徳によって封じ込まれると、今度は神戸や長崎の事件のように重大な少年犯罪が続発し始めた。

思春期は、生理的ではなく、むしろ文化的な画期である。文化とは、種に固有の行動様式を欠き、ある程度環境の拘束性から自由な人間が、集団ごとに形作る象徴的な秩序のことである。他の動物は、生理的に成熟すれば即座に成獣になる。一方、人間は社会の一定の基準と手続きに則って「一人前」にならなければ何時までも成人できず、しかも「一人前」の基準は社会・文化ごとにまちまちだ。実に、思春期概念のない、サモアのような社会もあった（ミード　一九七六）。このように、少年には思春期が（死ほどではなくとも）気まぐれな運命であると言えるのは、彼が或る社会に生まれたのも、またその「一人前」の型どりも、共に偶然の所産だからである。

法や道徳では、運命に対処できない。（少年期の安穏を奪い去る）運命に対する少年の情緒的反応は、新たな価値を強要する社会とその代理者（親や教師）への反抗を誘発して危機を生む。法や道徳で対処できるのは、せいぜいこの反抗、つまり随伴する生の衝動に対してでしかない。それゆえ共同体は、「慣習法」によってではなく、儀礼（成年式）によって少年たちの「運命の不確かさ」に対する情緒的反発に直に働きかけることで、この危機を最も論理的に取り扱い、首尾一貫して対処してきたのである。

二　社会化の過程と成年式

ヒトは生まれたままでは、人間にはならない。他人とのコミュニケーション手段であり、思考の道具であり、（分節と差異の論理によって）文化秩序そのものを創り出す言葉を身につけたときに、初めて、類的存在としての人間になる。言葉を初め、種々の象徴や価値を習得するこの過程の作用を、社会化

(socialization) とか文化化 (enculturation) と呼ぶ。

1 第一の社会化、第二の社会化

大人へと移行する思春期は、人生周期における第二の社会化の集中的な時期となる。そして、家庭中心の第一の社会化によって形作られた最初の(子供らしい)内面を一新して、社会性を備えた新たな(大人らしい)内面への移行が求められる。それは同時に、いわば「子供を死んで」、「男(または女)になる」ことでもある。成年式は、その総仕上げの機会だと言えよう。

この変化は、言葉以外の象徴によっても公示される。例えば日本では、かつて数え年の十三歳で成人し、男児は赤褌を、女児は腰巻きを初めて身につけ、寺社や山に参詣した。同時に女児が四つ身から本裁の着物に替えた地方もあり、古くはお歯黒を用い始めた。

つまり、人の一生の経過はたんなる自然の連続態とは見られず、言葉や他の象徴によって折々に区分され、人為的な象徴的秩序(文化)に位置づけられる。日本では、女児の初潮年齢を十三歳と見立てて、成人も十三歳とし、男児の成人年齢もそれに合わせて決められた。ただし伊豆諸島では、娘は実際に初潮をみたときに月経小屋に籠もり、披露目と手仕事の躾けを経て成人した。本土では、数え年の同齢者が、性を問わず一斉に成人した。伊豆諸島と比べて、より集合的で、且つ細分化された年齢範疇に従って成熟度が規定されていたのである。

カラハリ砂漠に住むサン人の男児の成年式は、唸り木を巧く回す技術と幾つかの歌を教える単純な内容のもので、男性全員に強制されるものでもなければ、成人の地位 (state) を公認する要件でもない。実際に成人として社会に迎え入れられるのは、大型獣の何かを射止めて狩人たる実力を示したときである。つまりサン人の場合、成年式は（「成人／子供」を基本とする）年齢範疇（age category）とも、職位（office）を与える「一人前」の基準とも関係が薄いのだ。

それは、狩猟採集民サンのごく小さな遊動的な群（band）では、全成員の互恵平等的な協働が社会の組織原理になっているからだろう。濃密な対面性が卓越していて、（境界を画する）成年式によって象徴的に大人へと統合するまでもなく、子供は社会生活のあらゆる場面に実質上少しも分け隔てなく最初から溶け込んでいる。成人男性が独自に確保するべき秘密も特にない。それゆえ成年式は、簡略で、開放的で、社会機能もごく乏しいが、それでいて何も問題が生じない。

つまり、第一（幼児期）と第二（思春期）の社会化の間に常に緊張と相剋が生まれ、何処でもその克服が社会的な課題となるとは限らないのである。その差異は、成年式のあり方にも大きく関わってくる。では一体、社会のどのような構造原理がこの違いに関係しているのだろうか。

三　加入礼と通過儀礼の論理

そこで次に、この節では、加入礼（initiation）と通過儀礼（rite of passage）の観点からこの問題に迫ってみよう。

1　加入礼と成年式

一般に加入礼は、或る社会的範疇に属する者（個人または集団）が別の範疇へと移行（加入）することを承認する（一連の行為体系としての）儀礼、と定義できる。宗教学者のM・エリアーデ（一九七一）の議論を組み立て直せば、加入礼は、①社会成員の全てに義務的に課す集合的なものと、②特定の個人または小集団が任意に受けるものとに大別できる。このうち①が、少年から成年への移行に関わる「成年式」である。②には、（i）秘密結社（secret society）への参加、および（ii）シャーマンや呪医の召命、の二つの事象に関わるものがあり、後者は脱魂（ecstasy）を伴う点で前者から区別できるという――ただし、②は、必ずしも少年から成人への移行に直に関係するわけではない。

さらに、（右の①の意味での）成年式の理解を深めるには、それを行う社会単位の規模と、儀礼に秘密が関与する強度も見逃せない。人類学者のM・R・アレンは別の類型化を試みて、家族などの小さな社会集団が新参者《ノヴィス》個人を中心に実施し、秘儀性（と排他性）が弱い場合を（a）「成年式」と呼んだ。一方、部族や氏族などの大きな社会集団が周期的に大勢の新参者を一斉に成人集団に編入して、彼らに地位と権利を与える場合のうちでも秘儀性が強いものを（b）「加入礼」と呼ぶ――ただし、秘儀性が弱ければそれは「導入儀礼」と呼んで区別する。つまり、（a）「成年式」では新参者《ノヴィス》個人の視点から当人の地位の変化の公示が、（b）「加入礼」では集団の視点から集団への加入の公示が、それぞれに関心の焦点となっているのだ（アレン　一九七八）。

アレンの見方を大胆に再整理すれば、次のようになろう。秘儀性（と排他性）こそが「加入礼」を「成年式」一般から区別するものであり、また儀礼を執行する母体が大きくなればなるほどその秘儀性が強まって「加入礼」となるが、「加入礼」こそが成年式の論理の中核を表現する。

2　通過儀礼と成年式

ところで、成人式を初めとする人生儀礼のような文化的な移行現象を論じるとき、A・ファン・ヘネップが創唱した通過儀礼（rite of passage）の理論を見逃せない。

通過儀礼とは、人生の節目ごとに行われる人生儀礼の単純な呼び換えではない。この用語は、ほとんどあらゆる儀礼が社会的な境界を通過する過程を共通にもつことを強く含意している。つまり、通過儀礼には、空間的境界の移行に関わる儀礼（船乗りの赤道祭が好例）も含まれている。しかし本章では、論旨を明快にするために、人生周期の（アイデンティティの）危機に関係する人生儀礼へと考察の対象を絞り込みたい。

ファン・ヘネップは、通過儀礼は、①もとの状態・地位から切り離される「分離（儀礼）」、②新しい状態・地位へ移行する「過渡（儀礼）」、③社会に迎え入れられて新たな状態・地位を獲得する「統合（儀礼）」の三つの局面の組み合わせ（とこの進行順序）で必ず構成されるという、共通の構造があることを明らかにした（ファン・ヘネップ　一九九七）。

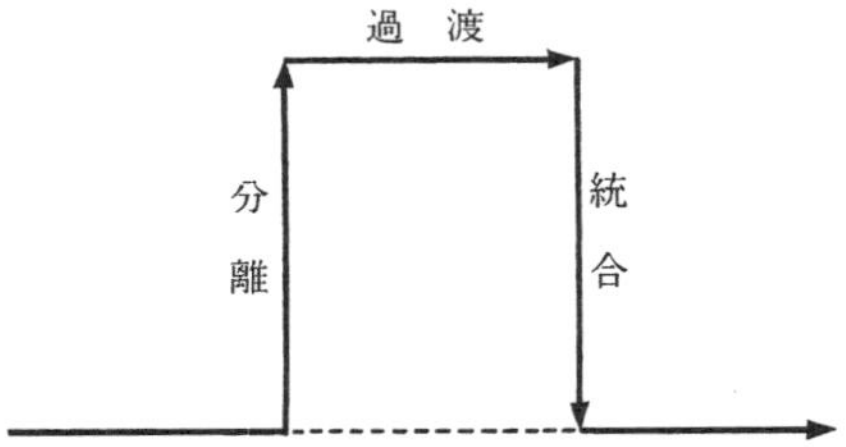

通過儀礼の３つの局面

ここで、日本の妊娠・出産儀礼と葬式を例として、判り易く考えてみよう。

妊娠五か月目の戌の日に岩田帯を巻く帯祝い（もっと単純にはマタニティ・ドレス着用）で妊娠が明示され、妊婦はある種の家事労働や性生活という日常から遠ざかる（分離）。それから出産までの期間、例えば鮫肌の子を産まないために鮫を食べないとか、一般的に重いものを持たないなど、妊婦に特有の禁忌が課される。かつて或る地方では、他の家族員とは使う火を分けたり、一人きりで産屋で暮らしたりもした（過渡）。そして出産が済むと、一定の休養期間を経て、（別棟、産屋、実家、産院などの）隔離されていた空間から日常生活の場へと復帰する（統合）。

さて、死とは生命活動の停止から、肉体の腐敗、骨化へと進む連続した区切りのない過程だが、通常次のように、段階を追って把握されてきた。多くの場合、心臓と呼吸の停止と瞳孔の拡散の三つの兆候で死が判定され、宣言される（分離）。火葬を経た後も、死者の魂は遺骨と共に中有の四十九日間家族の傍らに留まり（過渡）、納骨を経て初めてあの世の者となる（統合）。

今重要なのは――赤道祭が大海原を想像上の一線である赤道で画するのと同様に――本来いかなる形もない生命（の流れ）に年齢範疇という切れ目を入れて形を与え、その形を次の別の形へと移行することで自他の一生を（パターンとして）認識するのが、通過儀礼の論理だという点である。

人生儀礼の中でも、通過儀礼の構造を最も典型的に見出せるのが、成年式である。ことに、著しい秘儀性と排他性のゆえにアレンが「加入礼」と呼んで特定した型の成年式では、新参者の心理の変成と社会の構造化の両面で劇的な効果が予想されていたのである。

四　反抗と統制の弁証法

さて本節では、第一（幼児期）の社会化と第二（思春期）の社会化の間の関係に緊張を生み出し、またその結果として成年式に秘儀性（と排他性）をもたらす――つまり、アレンがいう「加入礼」の性格を付与する――社会的な条件を、年齢による「文化的断絶」の視点から探ってみよう。

1　文化的断絶という装置

どの社会にもそれに固有の年齢範疇があり、その区分の基本はなんと言っても「大人／子供」である。そこで、「大人／子供」の区分を強く意識して、規範がそれぞれの範疇に特徴的な行動様式を求める社会を（年齢的な）「文化的断絶のある社会」と呼ぼう。逆に、その区分を強く意識せず、個人が年齢範疇を何時の間にかなだらかに移行していく社会を（年齢的な）「文化的断絶がない社会」と呼んで、両者を一対の分析概念として採用してみたい。

先に見たサン人の狩猟採集社会や、他には、主に法律上の雑多な規定として年齢範疇があるものの、実際には個人がかなり自由に人生を選択している先進（脱）工業社会が、後者の典型である。

ところで、先に見たように、サン人の狩猟採集社会と先進（脱）工業社会では共に、成年式は、仮にあるとしても個人的、且つ形骸的で、明確な輪郭をもたない。すると、成年式の秘密や秘儀性と「文化的断絶」の間には何か関連性があって、成年式のあり方を大きく左右しているのではないだろうか。逆に言えば、「文化的断絶のある社会」では、秘密や成年式の秘儀性が社会の構造化原理と深く絡み合って作動している可能性がありそうだといえるだろう。

実は、アレンが「加入礼」を「成年式」一般から分けたのは、端的にいえば、成年式がそのまま年齢集団（age group）や秘密結社（secret society）への新規参入の儀礼にもなっている場合が少なくないからだといえる。秘密結社は、当然ながら、秘儀性と排他性が組織原理の中核となる。また、たんなる概念としての年齢範疇だけではなく、組織として実体である年齢組（age sets）や年齢階梯（age grades）——第三章第六節参照——がある社会では、上位の組や階梯は秘密と特権によって下位の組や階梯と隔てられていて、（構成員が知られている点を別にすれば）各々の組や階梯がいわば秘密結社と類似の性格を強く帯びることになる。無論、儀礼執行母体も部族や氏族という全体集団であるから、大きいサイズのものになる。「文化的断絶」は、まさにこうした社会で格別に鮮明なのであり、次項で見る通り、秘密が重大な鍵となって、きわめて有効な文化装置となり得ているのである。

2　キプシギスの成年式

ここで、南西ケニアの牛牧民キプシギス人の成年式を、年齢組織が存在する社会の典型的な例として取り上げて、眺めてみよう。

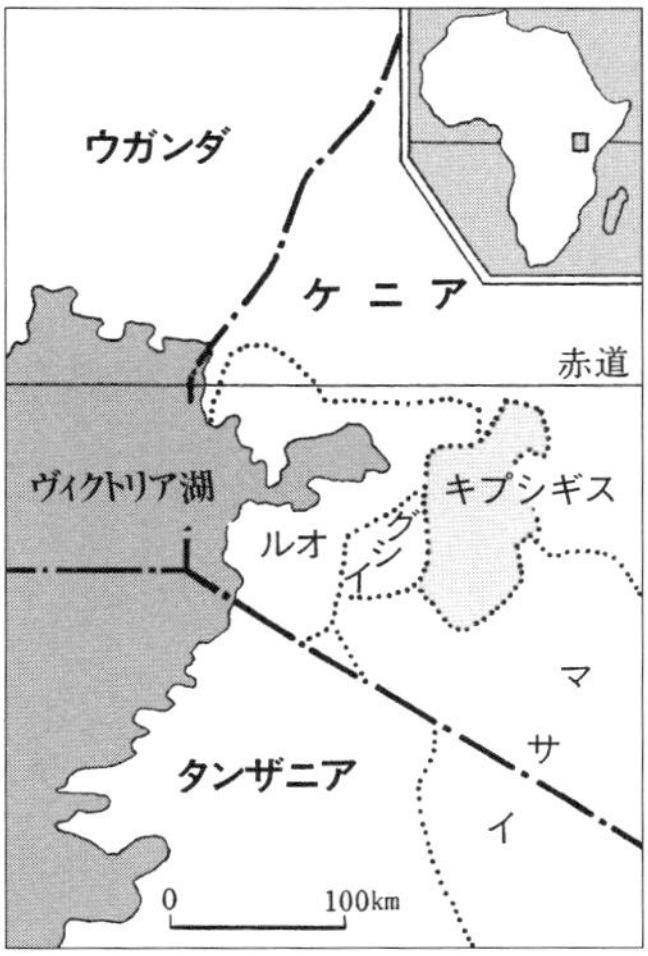

キプシギス人の居住地

キプシギスでは、全土を横断してその各地で一斉に行われる少年の成年式が、そのまま新たな年齢組を形成する儀礼でもある。かつて、年齢組はほぼ十五年おきに、またその分節である副組は約三年ごとに作られた。各副組は、藪の隔離小屋での二年ほどの共同生活の間に、聖なる「湖の獣」（実は牛）にいったん飲み込まれては排泄されるというモチーフを変奏した幾つもの儀礼を受け、新参者《ノヴィス》として、

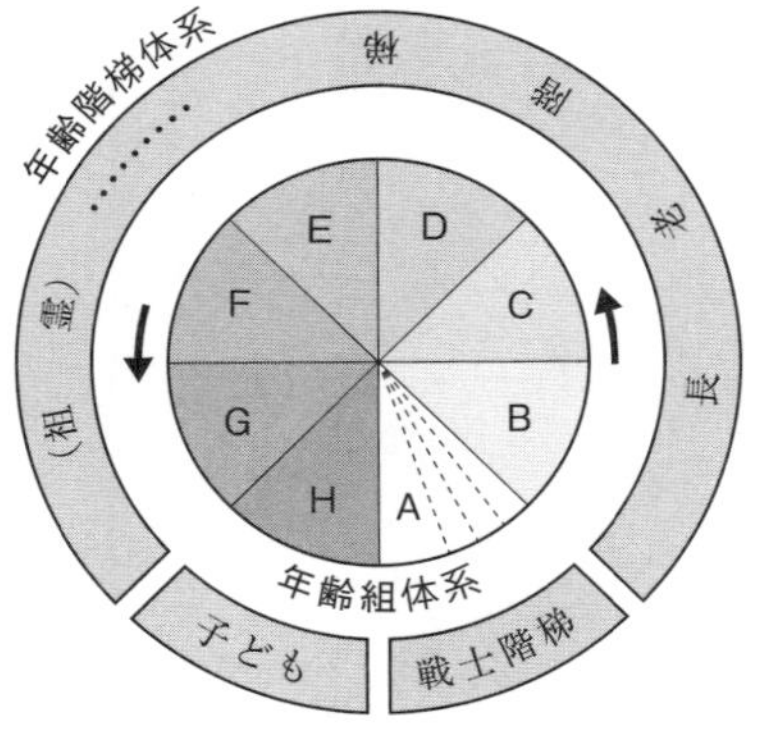

キプシギスの年齢組織(祖型の理念型)

屈辱的な待遇や、数々の肉体的な試練に耐える経験を積んだ。最初の儀礼（分離儀礼）もその劇的な例で、母親からの自立を象徴し、この不可逆的な変化を身体に刻印する割礼が必須の要素として組み込まれている。隔離小屋はいわば「藪の学校」(bush school)であり、牛追い、狩り、戦闘、呪詛等の技術と共に、民族の草創期以来の「歴史」、様々な秘密の伝承、道徳律などを、あるいは実践的に、あるいは演劇的にくり返し教え込まれる。隔離明けの儀礼（統合儀礼）では、先のライトモチーフは、少年たちが牛の胎から子牛として再生するというかたちに変奏されている。最初の副組は、社会に復帰するとすぐに戦士階梯を占め、それと同時に、一つ先行する年齢組が戦士階梯から長老階梯へと一斉に移行した。植民地化以前、この機会は盛大な委譲儀礼で印づけられていたのである。

さて、通過儀礼に関して、幾つか注目すべき点を挙げよう。V・ターナーは、通過儀礼の過渡の局面の境界性（liminality）に特に注目した。そこでは、人々はそれ以前の全ての属性から解き放たれて不安定になり、一つの危機を迎える。だが、だからこそ可能となる一切分け隔てのない全人格的な触れ合いを直に経験して、全霊的な紐帯で結ばれた仲間としてきわめて深くて強い関係で結ばれることにもなるという。彼は、この状況を――固い構造に対して――コムニタス（communitas）と名づけた（ターナー一九七六）。異母兄弟はもとより、同母兄弟でも父親の財産を巡っては潜在的な敵であり得る。だが、同年齢組員は、全ての利害を離れた無二の親友なのだ。実際キプシギスでは、同年齢組員とは終生兄弟以上の親密な存在として交わりを続ける。

人生儀礼全体は、不可逆的な時間観に基づいている。だが節目（境界）には、往復する振り子型の時間観念が組み込まれ、分離と統合の局面が各々死と再生で象徴されるのが常である。キプシギスでも、分離局面が「湖の獣」に飲み込まれる「少年の死」として、また統合局面が「少年の（子牛への）再生」として象徴されているのは、この意味で興味深い。

3　秘密の社会的メカニズム

「文化的断絶」という巧みな文化装置の鍵となっているのは、それが作り出すことになる、圧倒的な秘密の存在である。キプシギスの加入礼を例として、その論理的なメカニズムを明らかにしてみよう。

キプシギスの年長の少年たちは、社会生活の万般を指図し、子供の関与を決して許さない大人たちの独占に激しく反発してきた。そして、一刻も早く大人の世界の秘密を知って特権を得ることを渇望して、戦士になる日を夢見続けた。戦争や牛の略奪戦を宿敵のマサイ人と冒険的なゲームのごとく快活に戦った（Orchardson 1961 : 7）と伝えられるキプシギス人にとって、戦士時代こそがまたとない人生の華だった。戦士になれば恋愛と結婚が許され、結納に用いる牛も敵から自分自身の手で奪ってくることができる。他方、現に戦士階梯にいる（一つ先行する）年齢組は、一日でも長く人生の華の時代を謳歌し、特権を独占し続けようとした。そして、新たな年齢組が形成されて戦士階梯を占め、自分たちを長老階梯へと押し出すことになるのを力ずくでも阻止しようと、少年への警戒と統制を常々怠らなかったのだ。

大人たち（長老階梯にいる年齢組）は、両者の構造的な反目の反復を尻目に、それがついに実際の武力衝突に発展する寸前まで仲裁に動こうとはせず、新たな年齢組の形成を先に延ばした。こうして統制と反抗の衝突を際立たせて人々の目にも露にして、移行に劇的な表現と効果を与え、少年たちの情緒的反抗を社会への同調へと一気に、巧みに転換しようと図ったのである。

キプシギスの単純な小共同体には、成員の気まぐれや反抗を許容する余裕は全くなかった。全成員が共同体の秩序と道徳を至上の内面的な価値として全身全霊で受け入れ、その達成を人生の具体的な目標とも喜びともしなければ、民族社会の存続はとても見込めない。成年式に幾重にも組み込まれた諸々の秘密は、少年たちの魂を魅了して激しい憧憬を育み、彼らの成年を阻む者たちへの強烈な情緒的反抗を導いた。大人たちは彼らの反抗のエネルギーをなおも極大化させつつ、成り代わり願望を格好の梃子として同調へと水路づけて、その大きさのまま社会建設のエネルギーに昇華させたのである。

五　現代社会と成年式

伝統的な共同体が、儀礼のもつ明確な論理で思春期を捉え、成年式によって少年たちの情緒的な反抗に首尾一貫して対応してきたことが、既に明らかになっただろう。それでは、現代社会もこれと同じ論理と行為体系（儀礼）によって同様に対処できるのだろうか。

おそらく、誰もが単純に無理だと考えよう。社会のしくみが大きく異なるからだ。現代社会は大規模で、複雑に入り組んだ社会構造をもち、個々人の多様な生き方を許す包容力をもつ。そして、学校教育という徹底した、しかもきわめて長期の定型教育を第二の社会化の手段としている。西欧世界が、幼児を経て一気に社会へ飛び出す「小さな大人」ならぬ「子供」概念を発見して学校に囲い込み、産業社会の便益に即して内面の再編成を図るようになったのは、歴史家P・アリエスによれば、十七世紀のことだった（アリエス　一九八〇）。それは、D・リースマンの三つの「同調性の様式」の理念型（リースマン　一九六四）でいえば、（上記のキプシギス社会のような）「伝統指向型」（tradition-directed）から、個人の固有の内面に行動原理を求める初期資本主義的な「内部指向型」（inner-directed）への変化を大きく画するものであった。

しかしながら、現代の高度消費社会は「他人指向型」（other-directed）であって、準拠する価値を同時代の他者に求め、行為は他者によって規制される、とリースマンはいう。彼は、「内部指向型」を羅針盤の、「他人指向型」をレーダーの原理に準えた。前者は自ら行動原理を備えて環境に働きかけつつ人生を切り開いていくが、後者は外部環境を指針として他律的に方向性を決める（リースマン　一九六四）。こうして今、仲間集団による承認が再び重みを増してきている。

それでは、かつて成年式の「藪の学校」が、思春期の移行の諸相を（象徴形式を用いて）劇的に表出して、子供たち自身の内発的な解釈と理解を誘ったように、現代社会でも成年式が再度受け入れられる余地があるのだろうか。確かに、そうした潜在的な期待が社会にはあると思われる。現代日本の自治体主催の成人式は、戦後、以前の村々の成年式の伝統と直接には無関係に始められた。ただし、それが「気まぐれな運命」を制御する社会手段である儀礼の力へのいささかの期待に裏づけられていたことは確かだろう。しかしながら、近年、全国各地で往々見られる「荒れる成人式」が、雄弁にその失敗を物語っている。

とはいえ、現代社会がもし「他人指向型」であるとすれば、象徴的で劇的な表現を用いる儀礼の力は、今でも決して無効ではないだろう。全国各地の儀礼的祭典の隆盛が、その可能性（への期待）を如実に示している。現代の真の問題は、実は儀礼の論理の実効性そのものにではなく、その論理とメカニズムの透徹した理解と、その確実な裏づけを与え得る社会構造の欠如にこそあると見なければならない。

今日、日本では学業終了後も定職に就かないフリーター、ニート、あるいは「パラサイト・シングル」が増え続けている。脱工業社会は、若者の「一人前」基準をますます曖昧にし、長期の学費支払いなどの社会的な経費をいつまでも親世代に依存する社会構造と給与体系（例えば、日本の年功序列制）を生み出した。一方、一九九〇年代以来進行する「世界標準」によるリストラの内実は、労働強化と正社員の派遣社員への切り換えによる諸経費削減であり、企業に対する社会の信頼も大きく失墜してしまった。出口は容易に見つかりそうにない。

おわりに

キプシギスの年長の少年たちが、時には「年齢組間戦争」と呼ばれるほどの激しさで大人（一つ先の年齢組）に一日も早く成り代わろうと熱望して（現役の）戦士に激しく挑み、また進んで加入礼の「藪の学校」での試練に耐え抜いたのは、何と言っても、その先に人生の華として憧れ続けてき戦士の輝きに満ちた地位が控えていたからに他ならない。

今、我々の社会に欠けているのは、ただ単純に、有効な成年式であるというわけではない。むしろ一層重要な欠落は、成年式が若者たちを劇的なかたちで象徴的に変身させ得るしくみ（論理と心理）についての社会的な理解だと言えるのである。ただし、それと共にそのしくみを確かに支え得る現実、つまり「将来に夢を託せる社会」に住んでいるという揺るぎない実感こそが、無論、それ以上に重要なものであることは言を俟たない。

《注》

（1）ファン・ヘネップ（一九九七：一五七）。

《参考文献》

Fortes, Meyer (1956) "Mind," in E. E. Evans-Pritchard *et. al.*, *The Institutions of Primitive society*, Glencoe, Illinois: Free Press, pp.81-94.

Orchardson, I. Q. (1961) *The Kispsigis* (abridged, edited and partly rewritten by A. T. Matson from original MS, 1927-37, Kericho), Nairobi: East African Publishing House.

綾部恒雄（編）（一九八五）『人間の一生——文化人類学的探究』アカデミア出版会。

アリエス、P.（一九八〇）『〈子供〉の誕生』（杉山光信・杉山恵美子〔訳〕）、みすず書房。

アレン、M. R.（一九七八）『メラネシアの秘儀とイニシエーション』（中山和芳〔訳〕）弘文堂。

エリアーデ、M.（一九七一）『生と再生』（堀　一郎〔訳〕）東京大学出版会。

小馬　徹（一九九五）「西南ケニアのキプシギス人とティリキ人の入社的秘密結社と年齢組体系」、神奈川大学人文学研究所（編）

『秘密社会と国家』勁草書房、二四三―二七五頁。

小馬　徹（一九九九）「いかにして『大人』になるか――東アフリカの少年時代」、『週刊朝日百科　世界の歴史　84』、D-232
五三五―D-五三八頁。

リースマン、D.（一九六四）『孤独な群衆』（加藤秀俊（訳））みすず書房。

リーチ、E.R.（一九八一）『文化とコミュニケーション』（青木保・宮坂敬三（訳））、紀伊国屋書店。

ミード、マーガレット（一九七六）『サモアの思春期』（畑中幸子・山本真鳥（訳））、蒼樹書房。

ターナー、ヴィクター（一九七六）『儀礼の過程』（富倉光雄（訳））、思索社。

ファン・ヘネップ、A.（一九九七）『通過儀礼』（綾部恒雄・綾部裕子（訳））弘文堂。

あとがき

本書は、『「統治者なき社会」と統治――キプシギス民族の近代と前近代を中心に』と銘打っているように、必ずしも筆者の長年の調査対象である西南ケニアの農牧民、キプシギス民族のことのみに目路を限って論じているわけではない。キプシギス民族の社会や文化に関するテーマを中核としながらも、そのテーマをより広く一般的な脈絡に置き直して、かなり自由に敷衍している。このことを、まず最初に率直に記しておきたい。

実は、二〇一六年、『文化を折り返す――普段着でする人類学』（青娥書房）という本を世に問うことが出来た。同書の「まえがき」で（方法論的に）述べているのは、キプシギス民族の社会と文化についての様々なトピックスを取り上げる場合、意識的・無意識的に日本の社会や文化との比較対照を絶えず行ってきた、ということである。またそれゆえに、異文化としてのキプシギス民族の文化についての思考を重ねるうちに、自文化である日本に対する考察が同時進行的に確実に深度を増していった、とも述べた。

キプシギス民族の織りなしてきた社会も文化も実に独特の風をもち、時に応じて思いがけない相貌を見せてくれる。つまり、異文化として絶えず私に衝撃を与え、霊感を恵み続けてくれているのである。

しかしながら、それは「民族とは何か」、「社会とは何か」、或いは「文化とは何か」といった問いに対するn個の解答の中の一つであって、譬えどんなにユニークではあっても、その解答は世界中の他の諸社会・諸文化から得られる解答から少しも隔絶などしてはいない。むしろ、キプシギス民族の独特のあり方を考えることで、それ以外の、つまり人類諸社会とその諸文化に通有の問題の一般性が何であるかを理解する糸口を得ることができるのである。また逆に、キプシギス民族の社会や文化に固有と言える諸々の特質をより良く理解するためには、残余の社会や文化の一般的な属性——ないしは、少なくとも自文化としての日本の社会や文化の属性——に常に深く思いを致さなければならなかった。

本書の各章には、そうした私なりの思索の過程が、いわばまだうまく脱皮出来ずに、身に纏わりついている「殻」のように残ったままになっていると言って良い。この事実は、最初のフィールドワークの機会(一九七九年七月〜一九八〇年三月)から四十年近く経った今もまだ、構想すべきキプシギス民族誌の明快な輪郭を求めてフィールドワークを重ねているという、まさに牛歩にも似て「ゆっくりした」、あるいは「非効率的な」筆者の取り組みの困難な現実を露呈させているとも言えるだろう。

しかしながら、筆者には本書を編むことによって、キプシギス研究の首尾一貫したモノグラフを実現するうえでの、一つの確かな礎を得ることができたと思う。他方、本書をお読みくださる若い方々には、筆者の長年の思索の個々の足取りの証をその「殻」にこそ見出して貰い、自分自身の批判的な考察を進めるうえでの触媒として役立てていただければ幸いである。

*

二〇一六年九月初め、キプシギスの人々の土地で一月余りを過ごして横浜に戻ってきて、神奈川大学本館の三階の廊下で研究支援課の村上雄太さんと偶々出会い、本学の出版助成について一言二言、言葉を交わすことがあった。もしその偶然がなかったら、本書が日の目を見ることは恐らくなかったのではないかと思う。帰国前は、締め切りまで間がないと、半ば諦めかけていたからである。しかし、思いがけず、年若い村上さんから、是非にと叱咤激励されることになった。文字（名前）通りの駄馬、或いは矮小な馬というべき老骨も、尻を叩かれればまだ少しは走りもするということであろうか。村上さんの言葉に力を与えられて、やってみようという思いが湧き上がってきた。その後、研究支援課長の田島京子さんを初め、同課の皆様の寛大なお力添えもあって、何とか刊行に漕ぎつけられた。まさしく、研究支援の賜物に与ったのだ。研究者冥利に尽きる。神奈川大学出版会に心からの感謝を捧げます。

また、小西孝幸さん初め、丸善雄松堂の諸兄姉には編集の過程で大いにお力添えを賜った。駄馬の尻に大きな鞭跡を残すことなく、巧みに鼓舞して走らせてくださった調教の妙に、図らずも多くを学ぶことになった。誠に有り難うございました。

二〇一七年一月三〇日

小馬　徹

初出一覧

序　章　書下ろし

第一章　『植民地近代性の国際比較——アジア・アフリカ・ラテンアメリカの歴史経験』（神奈川大学人文学研究所編、御茶ノ水書房、二〇一三年）所収「スワヒリ語による国民形成と植民地近代性論——その可能性をめぐって」（二四七—二七八頁）

第二章　『国家とエスニシティ　—西欧世界から非西欧世界へ』（神奈川大学人文学研究所編、勁草書房、一九九七年）所収「キプシギスの殺人事件から見た民族と国家」（一三八—一七九頁）

第三章　『神奈川大学評論　第83号』（二〇一六年）所収「マサイのビーズの腕時計——或いは、ユートピア思想のワクチン」（一八八—一九八頁）

第四章　『カネと人生　［くらしの文化人類学5］』（小馬徹　編著、雄山閣、二〇〇二年）所収「走りそびれたランナーたち—牛牧民キプシギスの一世紀」（二一〇—二四四頁）

第五章　『叢書・身体と文化　第2巻　コミュニケーションとしての身体』（菅原和孝・野村雅一編、大修館書店、一九九六年）所収「握手行動の身体論と政治学——キプシギスの事例を中心に」（三七四—四〇九頁）

第六章　『新訂　文化人類学』（江渕一公・松園万亀雄　編著、放送大学教育振興会、二〇〇四年）所収「人生儀礼の文化人類学—人間の一生と文化」（四四—五九頁）

《著者紹介》

小馬　徹（こんま　とおる）

一九四八年、富山県高岡市に生まれ。一橋大学大学院社会学研究科博士課程修了。大分大学助教授、神奈川大学外国語学部教授を経て、現在神奈川大学人間科学部教授。文化人類学・社会人類学専攻。一九七九年以来、ケニアでキプシギス人を中心とするカレンジン民族群の長期参与観察調査を三八度実施、現在も継続中。

文化人類学・社会人類学の比較的最近の著作に、『秘密社会と国家』勁草書房一九九五、『人類学がわかる。』岩波書店（共著）一九九五、『異文化との出会い』勁草書房（共著）一九九五、『ユーミンとマクベス――日照り雨＝狐の嫁入りの文化人類学』世織書房一九九六、『コミュニケーションとしての身体』大修館書店（共著）一九九六、『アフリカ女性の民族誌』明石書店（共著）一九九六、『紛争と運動』岩波書店（共著）一九九七、『国家とエスニシティ』勁草書房（共著）一九九七、『今なぜ「開発と文化」なのか』岩波書店（共著）一九九七、Conflict, Age & Power, Oxford: James Currey, Nairobi: E.A.E.P., Kampala: Fountain Publishers, Athens: Ohio University Press（共著）一九九八、『笑いのコスモロジー』勁草書房（共著）一九九九、『開発の文化人類学』古今書院（共著）二〇〇〇、『贈り物と交換の文化人類学――人間はどこから来てどこへ行くのか』お茶の水書房二〇〇〇、『近親性交とそのタブー』藤原書店（共著）二〇〇一、『カネと人生』雄山閣（編緒）二〇〇二、『文化人類学』放送大学教育振興会（共著）

二〇〇四、『新しい文化のかたち』御茶の水書房（共著）二〇〇五、『放屁という覚醒』世織書房（筆名O・陵呂で）二〇〇七、『やもめぐらし――寡婦の文化人類学』明石書店（共著）二〇〇七、『世界の中のアフリカへ行こう』岩波書店（共著）二〇〇九、『解読レヴィ＝ストロース』青弓社（共著）二〇一一、『グローバル化の中の日本文化』お茶の水書店（共著）二〇一二、『植民地近代化の国際比較』お茶の水書房（共著）二〇一三、『境界を生きるシングルたち』人文書院（共著）二〇一四、『文化を折り返す――普段着でする人類学』青娥書房二〇一六、『フィールドワーク事始め――出会い、発見し、考える経験への誘い』御茶の水書房二〇一六など多数。

この他に、『川の記憶』〔田主丸町誌第1巻〕（共著、第51回毎日出版文化賞・第56回西日本文化賞受賞）一九九六、『家族のオートノミー』早稲田大学出版部（共編）一九九八、『河童』〔怪異の民俗学3〕河出書房新社（共著）二〇〇〇、『系図が語る世界史』青木書店（共著）二〇〇二、『宗教と権威』岩波書店（共著）二〇〇二、『生と死の現在』ナカニシヤ出版（共著）二〇〇二、『ポストコロニアルと非西欧世界』お茶の水書房（共著）二〇〇二、『日向写真帖　家族の数だけ歴史がある』〔日向市史別編〕（共著、第13回宮崎日々出版文化賞受賞）二〇〇二、『日向　光満ちるくにの生活誌』〔日向市史民俗編〕（共著）二〇〇五、『鬼の相撲と河童の相撲――大蔵永季の相撲と力を歴史人類学で読み解く』日田市豆田地区振興協議会・日田市城町まちづくり実行委員会二〇〇八、『海と非農業民』岩波書店（共著）二〇〇九、『ライオンの咆哮の轟く夜の炉辺で』青娥書房（訳書）二〇一〇、『河童とは何か』岩田書院（共著）二〇一四を初め、日本の民俗や地方史など、人類学以外の諸領域の著述も数多い。

索　　引

【アルファベット】

【あ】

【か】

【さ】

【た】

【な】

【は】

【ま】

【や】

【ら】

【わ】

【ん】

「統治者なき社会」と統治
——キプシギス民族の近代と前近代を中心に

2017年4月10日初版発行

著作者　小馬　徹

発行所　神奈川大学出版会
〒221-8686
神奈川県横浜市神奈川区六角橋3-27-1
電話（045）481-5661

発売所　丸善出版株式会社
〒101-0051
東京都千代田区神田神保町2-17
電話（03）3512-3256
http://pub.maruzen.co.jp/

編集・制作協力　丸善雄松堂株式会社

組版／月明組版
印刷・製本／大日本印刷株式会社
ISBN978-4-906279-11-1 C3039